森拓郎の
読むだけでやせる言葉

キレイになりたい人のためのパーフェクトダイエット

運動指導者
森 拓郎 著

Discover

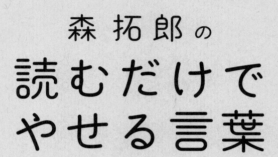

森拓郎の読むだけでやせる言葉

キレイになりたい人のためのパーフェクトダイエット

はじめに

ダイエットはつらいものではなく楽しいこと

〝「あの人は大酒飲みで、喫煙者だったけど１００歳まで生きた」という話や、逆に「あの人が１００歳まで生きたのは毎日肉を食べていたから」とかのこういう話はどっちかに振り切りすぎていて、情報としてほとんど意味がない。「ギャル曽根さんはあんなに食べても全く太りません」と何ら変わらない話でしょう。〟

長年のダイエット指導にもとづいた知識・情報を届けたい

世の中には、さまざまな健康・ダイエット情報があふれています。私は、運動指導者として主にツイッターやインスタグラムを使って、健康や美容のためにダイエットをしたい方々に向けて、毎日のように情報を発信しています。

これを続けて数年が経ちました。その間だけでも、いくつかのダイエットメソッドが大ブームになっては、また去って行きました。

中には「糖質制限ダイエット」のように、一般常識に近いところまで定着した考え方もあります。

一方で、「一日一食ダイエット」などは聞いたことがない方もいるかもしれません。ほかにも、今でも人気がある「スムージーダイエット」に、すっかり忘れ去られている「朝バナナダイエット」など、さまざまなものが流行になっては、またすたれていきます。

ツイッターやソーシャルメディアの面白いところは、普通の方が考えていることが浮き彫りになってくる点です。

私の場合は、ダイエット指導でお客さまに話したことや、日常で気になったことなどを何気なくつぶやくのですが、それが予想以上に多くの方々に「刺さる」ことがあります。

すると、専門家ならば当たり前のように知っているダイエットの知識もまだ知られていないことが多いと実感する反面、長年ダイエットや運動を指導してきた私だからこそ発信できることがあることに気づきます。

ありがたいことに多くの反響に支えられて、日々発信したり質問にお答えしたりしてきましたが、もっと詳しく知りたいという声も多くいただきました。

そこで、今回はツイッターやインスタグラムで特に反響の大きかったつぶやきをベースに、あらためて「やせる食べ方・考え方」について書かせていただくことになりました。

安易な減量法ではなく一生つづく食習慣を

話が少しそれましたが、なぜ次々とダイエットブームは消えていくのでしょうか。

理由は簡単です。

「〇〇を食べるだけ」「〇〇するだけ」ダイエット（例：寝るだけでくびれる）などは、ダイエットという意味では、万人には効果が出ないからです。

偽物とは言いませんが、飛びつきやすく試しやすいダイエット方法は、全く効果が出ないか効果が出る前に飽きて続かないことがほとんど。ダイエットに失敗する人がいるかぎり、次から次へと安易なダイエット方法は生まれてくるでしょう。

さて、冒頭の「あの人は○○で100歳まで生きた」という極端な話、○○だけダイエットと似ていませんか？

心のどこかではわかっているのに、なんとなく楽をしたいから、あわよくば私もそうなれるかも、と思いたいから、あり得ないような「○○で」を信じてしまう……。

でも、本当はあなたもわかっているはずです。

「もしかしたら……」では永遠に本当のダイエットにはなりません。あとは間違った思い込みを捨てて、効果の出る食生活を続けると決める。そこから、本当の意味でのダイエットが始まるのです。

そんなわけで、冒頭のツイートは、かなり反響が大きく、共感した、驚いたなど、さまざまなポジティブな反応をいただきました。

ですからこの本には、励みになった・役立ったという声をいただいたダイエット情報をまとめて解説や図解を追加し、いわゆる読むダイエット・サプリとしています。

また、なぜか私のブログやツイッターを読んでいるだけでやせるという人もいらっしゃるため（笑）、折にふれて本書を読んでいただくと効果が高いと思います。

良い食習慣をつづけることで理想のカラダはもちろんのこと、最も大切な健康を維持できます。そのような方が一人でも増えることを願っています。

森　拓郎

もくじ

6 「健康そう」な食べ物にだまされない。
食べているものの中味を知って。

7 身体に良いモノを「オン」する前に、
悪いものを減らしてみよう。

8 ダイエット停滞期は、
もしかして栄養不足かも。
そんなときは食事を増やしてみる。

9 がんばりすぎない。
一時的に100点をめざすより
70点の食生活を長期にキープ。

10 「ああ、やせたい」と
気にならなくなったときが
「ダイエット病」からの卒業です！

ダイエット10か条

1 ダイエットは運動1割の心持ちで。
運動だけしてもやせません。

2 ダイエットは食事9割。
食べることは生きることそのもの。
その意識改革なくしてやせることなし。

3 食べる量を減らすダイエットはNG！
身体によいものを食べて健康になるのが
ダイエット。

4 何を食べればいいか悩んだら、
「マゴワヤサシイ」を基本に戻ろう。

5 不足しがちなたんぱく質多めを心がけ、
砂糖・オメガ6の油は避ける。

part 1

ダイエットの基本

厳しい食事制限や激しい運動をしないとやせられないと思っている方は非常に多いのですが、実はそうではありません。基本さえわかっていれば美味しく食べながらムリなくやせることができます。

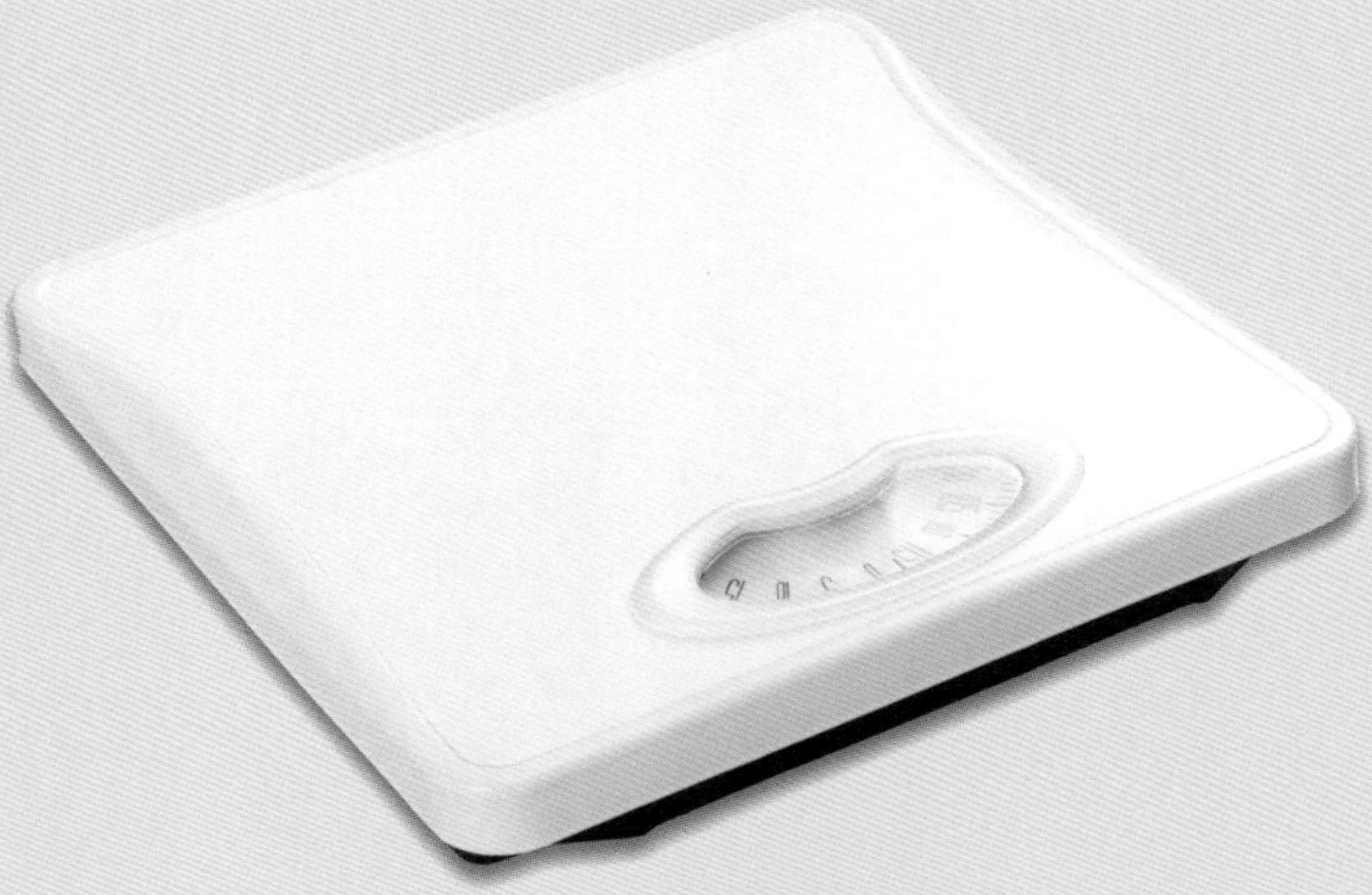

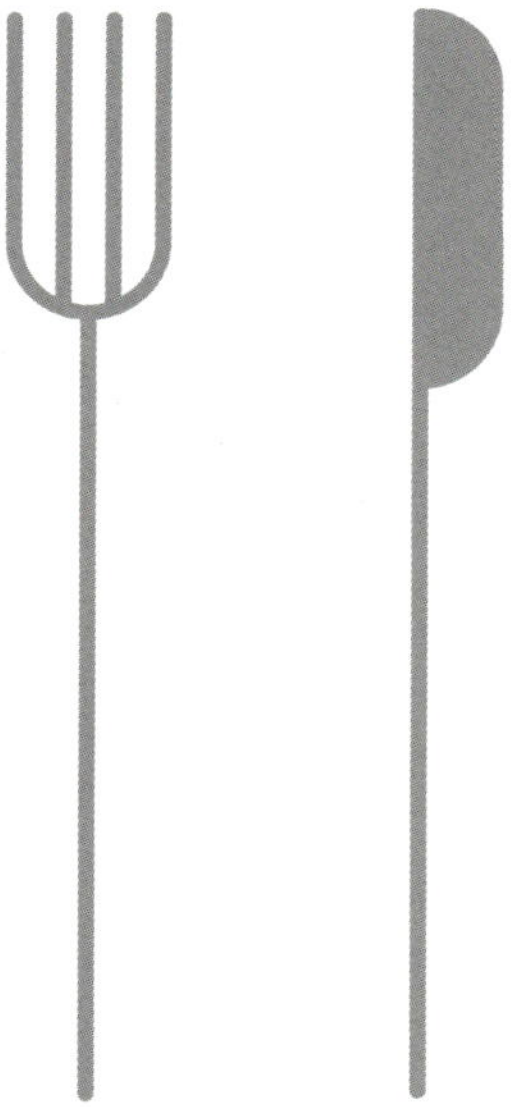

1

ダイエットのゴールは、
自然と必要な栄養素を
選べるようになること。
食べる量をコントロール
できること、
食に対してストレスを
持たないようになること。

2

ダイエットの基本中の基本は、必要以上に
エネルギーを摂取していることを自覚すること。
しかも、**吸収しやすいものを吸収しやすい形で**
摂取するのは最悪です。
つまり、精製糖＋脂質ですね。

「糖質＋脂肪」は最悪の組み合わせ

ラーメンにライス、ピザとパスタ、ポテトとハンバーガーと、「糖質（炭水化物）しか摂れていないかも」というのがまず避けたいパターンです。

また、肉を選んで賢く食べれば焼き肉はＯＫ。でも、その際山盛りゴハンと組み合わせしまうと、太りやすいです。

そして、なんといってもお菓子は「糖質＋脂肪」の典型です。どんなに食事に気をつかっていてもここをなんとかしなければなりません。よくある「砂糖たっぷりのフラペチーノ＋油で揚げたドーナツ」という組み合わせはもちろんＮＧ。

また、コーヒーが好き！と言いつつ、キャラメルマキアートばかり飲んでませんか？味付けの砂糖だけでなく、クリームにも脂肪分が入っています。ブラックコーヒーだったらカロリー0ですが……。

これらは楽しんで食べる嗜好品。絶対に食べるなとはいいませんが、やはり、毎日これらを口にしていたら……やせないですよね。結局これも、自分が何を食べているのか認識することが大切です。

3

ダイエットの超基本は……

三大栄養素を知るところからです。

炭水化物を抜くにしても、
炭水化物が何なのかわからずに
糖質制限はできないし、
たんぱく質が何にどれくらい含まれているのか
わからずに筋肉はつけられないし、
脂質の種類を知らないと代謝も
カロリーバランスもよくわからないしね……。

三大栄養素はＰＦＣと覚えましょう

昔、家庭科の授業で習ったことがある方もいらっしゃるかもしれませんね。非常に重要なのでこの機会に覚えましょう。三大栄養素の役割と素材がわからずして、ダイエット成功はなし、といっても過言ではありません。

三大栄養素とは、

- **たんぱく質**（Protein）
- **脂質**（Fat）
- **炭水化物**（Carbohydrate）

の3つです。

たんぱく質は筋肉や皮膚、内臓などの体の構成要素となります。

エネルギー源になるのは主に炭水化物（糖質）と脂質。脂質は代謝に必要なホルモンの材料にもなりますが、糖質はエネルギー源にしかならないため、使われずに余った糖質は体にどんどん貯め込まれ、脂肪になってしまいます。次のページの表で詳しく見ていきましょう。

Protein たんぱく質

筋肉・内臓・皮膚・髪・爪などのもとなります。酵素や免疫、神経などもたんぱく質から作られます。不足すれば肌がガサガサ、髪が減るなど美容には大敵。筋肉も落ちやすくなります。
例:肉、魚、卵、乳製品、大豆など。

Fat 脂質

脂質もエネルギー源であり、基礎代謝や有酸素運動などの強度の低い運動で使われます。脂肪がなければホルモンも細胞膜も生成できないため大切な栄養素です。脂肪を抜きすぎると体調が悪くなったり生理が止まったりすることもあります。
例:肉の脂身をはじめ、バター、チーズなど動物性食品全般、ナッツなど。

Carbohydrate 炭水化物

糖質と食物繊維の総称が炭水化物です。糖質は脳や赤血球のエネルギーと使われるほか、運動時のメインエネルギー源として使われます。食物繊維は基本的には消化ができないためエネルギー源とはなりませんが、腸内細菌のエサとなったり、腸内環境を整える作用があります。
例:米、小麦、いも類、野菜、果物など。

図1　三大栄養素を知ろう！

Protein
たんぱく質
血や肉をつくる
栄養素

Carbo hydrate
炭水化物（糖質）
脳や筋肉を
働かせる
エネルギー源

Fat
脂質
基礎代謝などの
エネルギー源
細胞の膜や
ホルモンの材料

食べすぎの指標は、
おなかいっぱいかどうかじゃないんだよ。
加工食品や、揚げ物なんかもそうだけど、
体積に対していらないものが多すぎるから、

おなかいっぱいじゃなくても
不要な栄養素は過多になっていたりする。
食べ物について知識を得るということしか
現代では対処法はないよね。

ダイエットに失敗する人の多くは、
自分が何を食べているのかわからないという人。
栄養バランスは、何を食べているのかが
わからないと考えることができない。
加工食品は見た目だと栄養がわかりにくい。
原材料や成分を見ないとわからないのに、
見ない人がほとんど。
これではダイエットはできない。

答えはパッケージのウラ側にある！

外食やできあいの加工食品を購入するときのポイントは、**パッケージの表側のキャッチフレーズなんかよりも、裏側の原材料や成分表示を見ること。**

「本当に食べているもの」を知ることで、なぜ太ってしまうのか、わかってきます。

たとえば、ショートニングに代表される植物油脂、血糖値を急激に上げる精製糖や果糖ブドウ糖液糖、アスパルテームのような人工甘味料、合成着色料や保存料など、さまざまな情報を得ることができます。

私はなるべく本来の素材そのままの形に近い食べ物をおすすめしていますが、加工食品を全く食べないわけにもいかないでしょう。ですから、必ず裏側を見て、どんなものが使われているのか確認しましょう。

残念ながらパッケージの「ヘルシー」とか「カロリー0」といったまことしやかな宣伝文句を信じ込んで健康モドキ商品でやせられない人はとても多いのです。

ここをチェック!

ポイント 1

**パッケージのオモテではなく
ウラのラベルを見る**

ポイント 2

ラベルでは、まず「原材料名」を見る

含有量が多い材料順に書かれています。

ポイント 3

わからない原料については知識を持とう

・植物油脂

摂取を控えたいオメガ6が多い油です。

サラダ油などもこれに含まれます。

・環状オリゴ糖

馬鈴薯やトウモロコシなどから作られる安全性が認められたとろみを作る添加物。安定剤の役割もあります。

図2　ラベルを見よう！

フレンチ小袋30g

品　　名	乳化液状ドレッシング
原材料名	食用植物油脂、りんご酢、砂糖、たまねぎ、食塩、にんにく、マスタード、環状オリゴ糖、安定剤（キサンタンガム）、＜原材料の一部に、大豆を含む＞
内 容 量	30ml
賞味期限	17.03.16
保存方法	直射日光を避け、常温で保存してください
製 造 者	株式会社 ○○フーズ △△工場 ○○県△△郡××町4-3

コンビニなどでサラダを買うとついてくるドレッシング。

さまざまな味がありますが、どんなものが含まれているかチェックしてみたことはありますか？

実は、いろいろな添加物が使われています。

気にするべきは糖質の量だけでなく、
必要な栄養素を充分に摂取すること。
そうでないと、前より食べるものが減って
低カロリー・栄養不足でやつれただけなのに
効果が出てると勘違いしがち。
リバウンドするリスクが上がります。

ただ炭水化物（糖質）を減らせばいい、わけではありません

糖質制限が流行っている昨今ですが、ご飯やパンなどを食事から糖質をなくすだけで、他の栄養素をプラスαで摂っていないという人がとても多いのです。

糖質制限は、糖質を減らした分だけ脂質とたんぱく質を増やすことで栄養改善をしていく必要があります。

今の食事から、ただ糖質を減らしただけでは、栄養不足になって頭がフラフラしたり、体調を崩したり、リバウンドしたりする人が続出。流行りに乗って糖質制限をしたい気持ちはわかりますが、知識不足で行うには危険が大きいのです。

私は極端な糖質制限を推奨しませんが、まずは高糖質＋高糖質の食事や、高糖質＋高脂質になりがちな食事を減らし、適量の糖質で満足できるようになることが重要だと思います。

糖質制限に失敗して、お菓子を暴飲暴食してリバウンドした人は、再チャレンジするのではなく、まずはしっかり食べるところから始めてみましょう。

7

マゴワヤサシイを食べてたら、
だいたいOKでしょ……これができてたら、
ほとんどの人が肥満になりようがない。
ダイエットの根本は、これが守れない人たちの生き方を変えられるかどうか。

マゴワヤサシイを覚えて食べよう！

『ダイエットは運動1割、食事9割』では、食べてほしくないものをたくさん紹介してしまったため、「じゃあなにを食べればいいの！」というお怒りの言葉を結構いただきました（笑）。

その代わりに「マゴワヤサシイ」食を中心におすすめしていたのですが、「食べてはいけないもの」の衝撃が強すぎたようですね。

現在、私がクライアントさんに直接、食事指導をするときは、毎回の食事の内容をすべて写真に撮って送ってもらっています。メインの食事は「マゴワヤサシイ」食を意識していただきながら、そこに（炭水化物や脂質よりは）肉などの「たんぱく質を多め」というバランスで摂っていただくことが多いです。

マゴワヤサシイ食の良さはいろいろありますが、やはり自然の材料をもとに調理した食事から、多くの栄養、ビタミン、ミネラルなどが摂れるようになる点です。

逆に厳しいところは、調理をしないとマゴワヤサシイ食を摂取するのはかなり難しい点です（手作りで食材にも気をつかったものが食べられる家庭料理のお店は少ないですよね）。

昔から日本にある食材を総称して、
マゴワヤサシイ食品と呼びます。

マが豆類、ゴがゴマなどの種子類、ワがワカメなどの海藻類、ヤが緑黄色野菜、サが小型の魚、シがしいたけなどのきのこ類、イがいも類です。

これらを主菜、副菜として、さらに野菜たっぷりの味噌汁をプラスした食事にすることで、内臓に負担をかけずに消化吸収してくれて、さらにはミネラル・ビタミンを豊富に摂れるわけです。

さらに多めの摂取を心がけたいのが「たんぱく質」。
脂肪分の少ない鶏肉や卵など多く摂り、不足しがちな動物性たんぱく質を補うことができます。このような食生活を続けることでピザとパスタ、ジュースとスナック菓子といった食べ物を欲しくなくなってきます。

図３　理想的な食事はマゴワヤサシイ＋味噌汁

マ ＝**豆類**

（味噌・納豆・豆腐・大豆・小豆・湯葉）

ゴ ＝**ゴマなどの種子類**

（ナッツ、くるみ、アーモンドなど）

ワ ＝**ワカメなどの海藻類**

（ひじき・昆布・もずく・のり・寒天など）

ヤ ＝**野菜類**

（緑黄色野菜中心）

サ ＝**魚類**

（小魚・背の青い魚など）

シ ＝**しいたけなどのきのこ類**

（舞茸・エリンギ・干ししいたけ・きくらげ・えのきなど）

イ ＝**イモ類**

（さといも・さつまいも・やまいもなど）

＋

野菜たっぷりの味噌汁

8

ダイエットの注意点というか、健康を考えれば、
まず飲み物をなんとかしたほうがいい人多いよね。
飲み物が一番吸収が速いんだから。

みんなが案外太ると思っていないものは、
スポーツ飲料、野菜ジュース、
100%フルーツジュース、ラテなどの飲料、
ミルクティー等。あと、牛乳、調整豆乳……。

実は毎日の飲み物で太る人多数!!

一般に、固形物より液体のほうが太らないと思っている人が多いようです。

でも、考えてみてください。食べ物は消化されて細かくならないと吸収できません。液体は消化の必要がほとんどありませんから、すぐに体内に取り込まれます。逆に固形物であればあるほど、咀嚼して砕く必要もありますし、ドロドロになるまで消化して、液体と同じ状態になるまで体に取り込むことができません。吸収までに手間がかかる分、内臓に負担をかけるというと聞こえは悪いですが、内臓を動かすトレーニングでもあるということです。

つまり、飲み物よりも固形物の方が代謝が上がりやすいとも言えるのです。

コーラとフルーツジュースならば、ビタミンなどがあることを考えればフルーツジュースのほうがマシではありますが、糖質の量を考えれば、カロリーはほとんど変わりません。むしろ、コーラよりも人気カフェにあるような、砂糖たっぷりの生クリームが乗ったシェイク状の飲み物のほうが、よほど攻撃力が高いのです。**糖質を含まない水かお茶、ブラックコーヒーにしておきましょう。**

9

ジャンクフードをがまんすることや、
食べた分を運動で消費することを考えるより、
ジャンクフードを欲しなくなるくらい
必要なものを食べる知識をつけるべき。

なのに、甘いだけの酵素ドリンクとか、
栄養スカスカなもので
おなかを満たそうとするのは、
カロリーしか見ていない典型的な失敗です。

まぁ、普通に考えて、
昨日より体重が重くても、
体脂肪が増えるわけがないという
理屈を知っていれば、
そんな数字の上下なんかで
心は乱れない。

10

「昨日全然食べてないのに
昨日より体重が増えてる！」
理由は、食べてないから。
便が出ていないため、
その分重くなる。
もしくは、代謝が落ちていて
水でむくんでいる。

11

私のツイッターや本を読んで
「たんぱく質摂取を意識したら、
間食をとらなくても大丈夫になりました！」
という人は多い。
卵食べろ、プロテイン飲め、は
シンプルにいろんな人に適用できますね。

たんぱく質効果は絶大！　おなかが減らなくなる

おなかがすくとパンやお菓子、おにぎりを食べる方が多いですが、これらは糖質のかたまり。

糖質のようにすぐにエネルギーとして身体をめぐるタイプの栄養素を摂るより、**消化に時間がかかるたんぱく質を摂るほうが、急激に空腹を感じることは少なくなります。**

ですから昼や小腹が空いたときなどは、ジュースや砂糖の入ったカフェラテではなくたんぱく質を補ってくれるプロテインドリンクを飲むとか、コンビニでお菓子を買う代わりに温泉卵やサラダチキンを買って食べるといった方法にチェンジしてみてください。（プロテインと卵については詳しくはｐａｒｔ３で解説します）

食べても食べてもおなかがすくといった悪循環から抜けだすことができます。

血糖値の上下が少なくなるため、だるくなったり眠くなったりすることもなく、日中は特に爽快に過ごせるようになります。

12

知らない人も多いけど、
アミノ酸の集合体がたんぱく質。
基本的に食品はたんぱく質の状態で存在し、
消化によって、
アミノ酸まで分解されて、
初めて体内に吸収される。

アミノ酸の集合体がたんぱく質

たんぱく質とアミノ酸は別物だと思っている人も少なくありません。たんぱく質という大枠の中にアミノ酸があると覚えておきましょう。

たんぱく質は20種類のアミノ酸で構成されています。そのうち9種類は必須アミノ酸といって、体内では合成できないアミノ酸で、必ず食品から摂取する必要があります。

食品のたんぱく質は、その種類によって組成も違いますが、よく「良質なたんぱく質」といわれるのは、必須アミノ酸を豊富にバランス良く含んでいるものです。

基本的に動物性食品は組成が良く、肉、魚、卵、乳製品は、その組成の良さを表すアミノ酸スコアが最大の100となるのでおすすめです。

植物性でいうと、畑の肉といわれる大豆は、植物性でも唯一アミノ酸スコア100で、良質なたんぱく質とされています。

でも、その時の気持ちの分析や、
その後のリカバリの仕方で、
結果が違ってくるはず。
ダイエットは
「前は頻繁に食べたくなってたけど、
今は欲しくないな」がゴール。

13

「ちょっとなら大丈夫かな…」と
パンやお菓子を食べる人が
いますね…。
確かに少しだけだったり、
一日だけ暴食しちゃったりしても
体脂肪が一気につくわけではない。

part 2
やせる考え方

基本がわかったところで、次に大事なのは考え方。考え方が変わらないと同じ失敗を繰り返してしまいます。あなたを支えるよりどころとなる「ダイエットマインド」を身につけましょう。

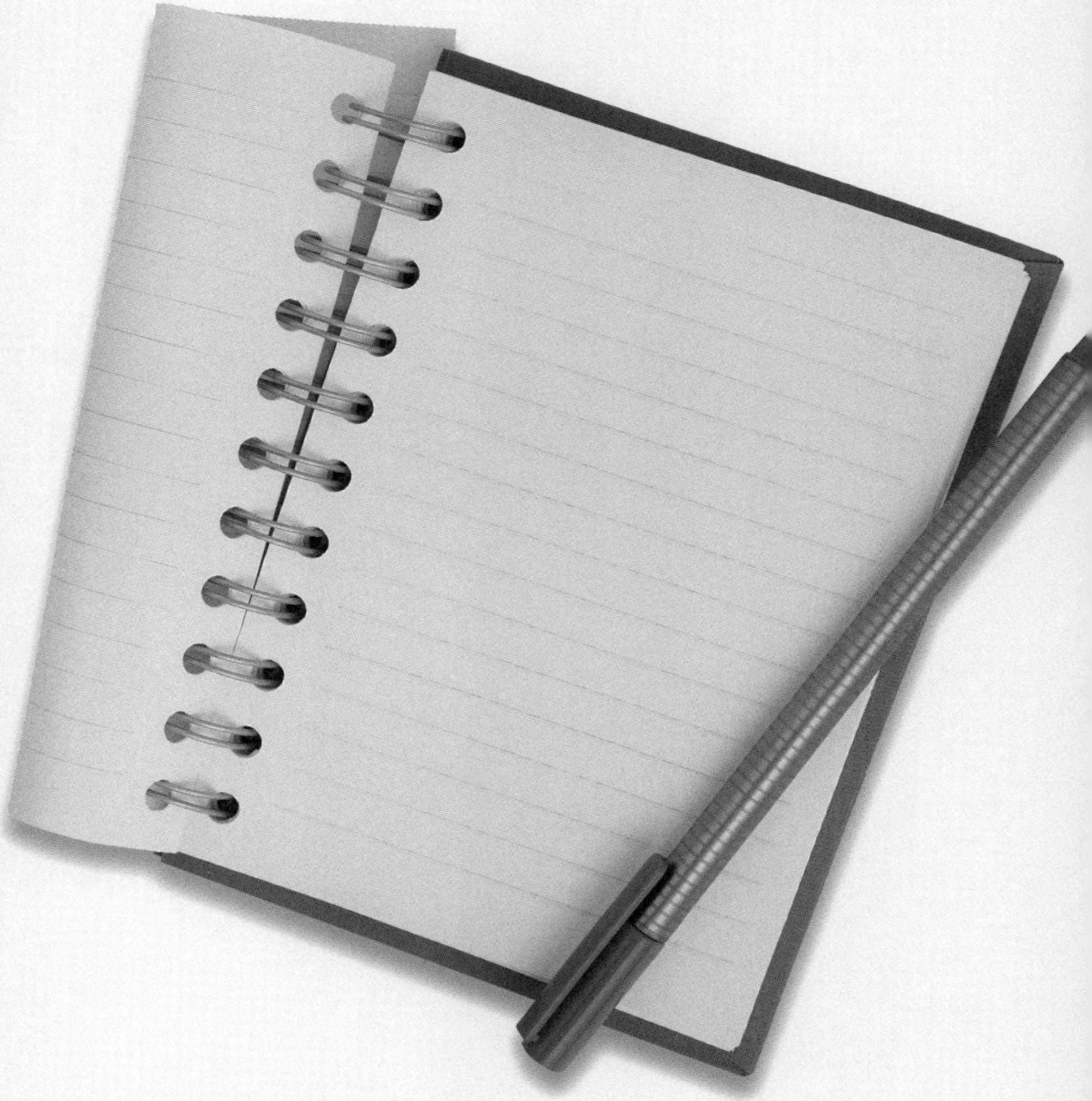

理想のスタイルをめざすのに
つらいことなんてしなくていい。
理想の身体を維持するためには、
心も行動も伴っていないといけないから。

つまり、ムリに食事を制限したり、
楽しくもない運動を嫌々やっている状態では
形をキレイに作れても、心が伴わない。
それは幸せな状態とはいえないと思うんだわ。

15

「ダイエットがんばる！」は
いつか終わりがあると思っている発言。
がんばり終わったあとにごほうびはなく、
ゆるやかなリバウンドが待っているだけで。

じゃあ、がんばる必要なんてない。
ムリなく一生続けられる行動と知識をつけるのみ。

「がんばるダイエット」で「かくれ肥満」に!?

短期間に食事を変えて体重を減らすようなダイエットをやめたとたん、一気に体重が戻ってしまうことをリバウンドと言います。

リバウンドが危険なのは、これを繰り返すうちに筋肉が減り、代謝がどんどん悪い身体に、**つまり、どんどん太りやすくやせづらい身体になってしまうからです。**

その代表例が、見た目はスリムなのに体脂肪や皮下脂肪が多い「かくれ肥満」。たとえば身長が160センチで体重46キログラムの女性ならばスリムですよね。でも、体脂肪率が40%なんていうかたは、実は大勢います。

この場合、脂肪だけで18キログラムもあるわけで非常にマズい状況です。**体脂肪率は女性30%・男性25%を超えると立派な「かくれ肥満」ですからね。**

ムリなダイエットをして体重は減っても脂肪の多い身体になりたい……わけではないですよね? 次のページに、自分の肥満度がわかるBMIの表をのせましたのでチェックしてみてください。

BMIチェック表

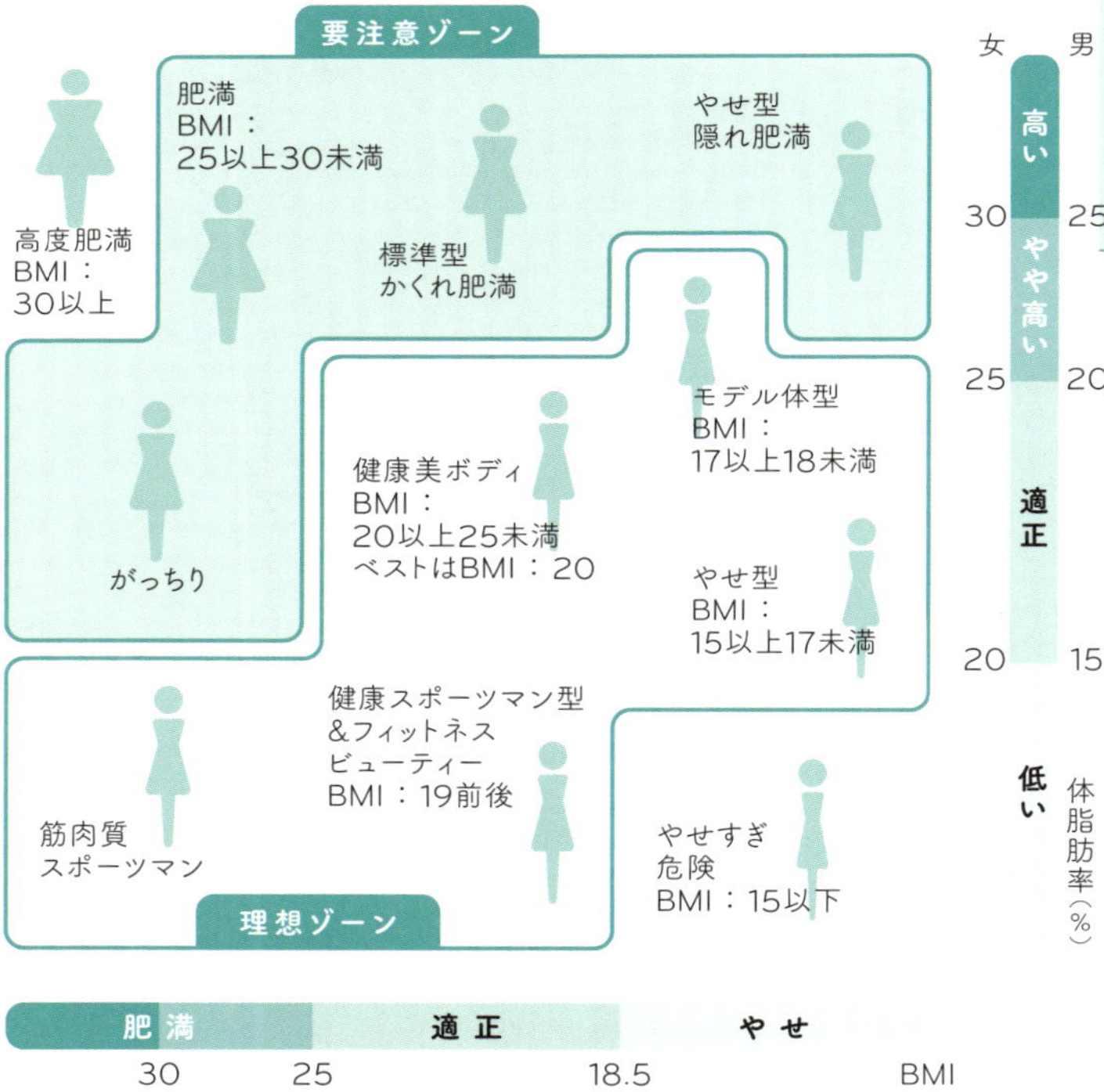
要注意ゾーン
高度肥満
BMI：
30以上
肥満
BMI：
25以上30未満
標準型
かくれ肥満
やせ型
隠れ肥満
がっちり
健康美ボディ
BMI：
20以上25未満
ベストはBMI：20
モデル体型
BMI：
17以上18未満
やせ型
BMI：
15以上17未満
筋肉質
スポーツマン
健康スポーツマン型
&フィットネス
ビューティー
BMI：19前後
やせすぎ
危険
BMI：15以下
理想ゾーン
女
男
高い
30
25
やや高い
25
20
適正
20
15
低い
体脂肪率（%）
肥満
適正
やせ
30
25
18.5
BMI

図4　BMIで自分の肥満度を知ろう！

あなたの肥満度はどれくらい？

BMIは体重と身長から割り出した肥満度を表す数値です。

BMI=「体重（kg）÷（身長（m）×身長（m））」

BMI18.5～25くらいまでが適正値ですが、いわゆる細くてキレイと称される美容体重は、BMI20くらいです。
例：体重53kgで身長が156cmならば「BMI21.8」で適正体重ですが、美容体重は48kg（BMI19.7）となります。

もしかして「かくれ肥満」かも!?

標準より体重が少なくてもカラダに占める体脂肪量が多かったら・・・それが「かくれ肥満」です。
脂肪は筋肉よりも軽いので、体重のわりに、体積も大きくなるとされ、当然スタイルにも響きます。
BMIが20程度なのに体脂肪が30％を越えているなら、要注意です。

「やせすぎ」をめざしていませんか!?

モデルや女優のような細さをめざして、BMI18.5以下になり、さらにやせようとする女性が多いですが、正直、ダイエットの必要はありません。健康を害するおそれもあるので、指導者としてはおすすめできません。

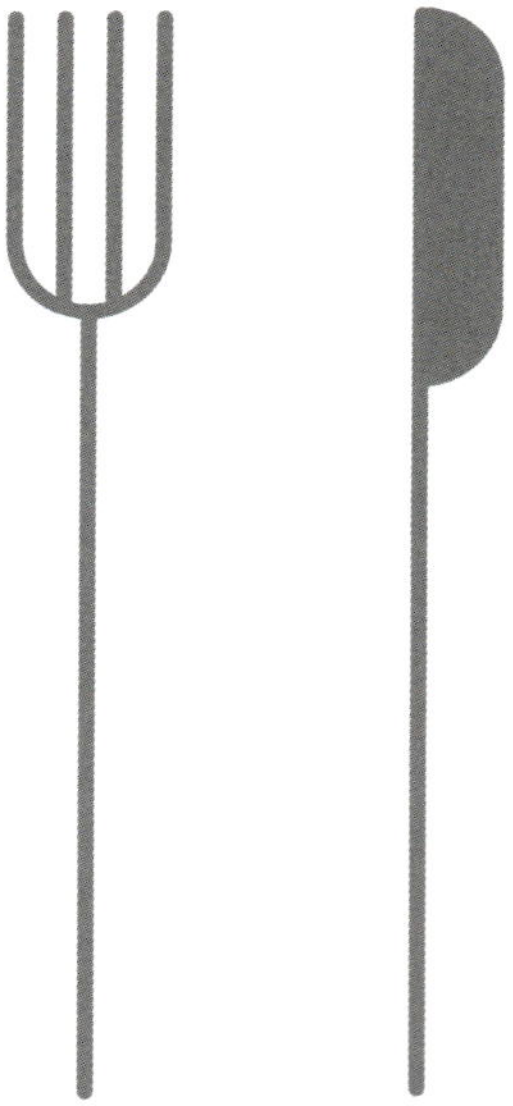

16

**何かをやめることが、
やりたいことを実現する
第一歩なんじゃないか**と
最近思います。
大きなことでも小さなことでも。
依存はその人を
その場にとどまらせる原因。
食べ物、お酒、タバコ、仕事、
遊び、癖、ムリな食事制限……。

17

ダイエットで大事なのは、
以前と満足度は変わらないのに、
食べる量や食べ物の選択が
自然と変化していること。

だからこそ、どんなダイエットをするかは、
何かをがまんするのではなく、
ストレスなくできるかできないかで
判断したほうがいい。

18

どうしても身体を変えたいのに、
なぜか逆の行動をしてしまったり、
がんばっても継続できなかったり
という人がいます。
こういう人が大変で、
食べることに罪悪感があったり、
自分が嫌になったり、それがストレスで
さらにストレスを生むわけです。

ダイエットがストレスの元になってしまっている人へ

ストレスの原因の多くは、他人との比較によるものが大きいのではないでしょうか？　美の基準は、テレビや雑誌、ＳＮＳなどで得た価値観です。価値観を否定はしませんが、他人をうらやんでも、その人と同じにはなれませんよね。

ストレスとは、今どうがんばっても現状を打破できないときに、考えてもムダなことを無限ループで考えてしまうことで生じるもの。

すぐに理想の体型にならないことはわかっているのに、ちょっとでもうまくいかないことがあると、一気にモチベーションが下がって、イライラしたりする。そもそも、体は一瞬で変化しませんし、日々トライ&エラーがあって当然です。ミスをミスと認めない完璧主義があなたを追いつめているのかもしれません。

では、どうすべきか？　1回のミスで失望してしまうのではなく、全体もしくは1週間単位で自分を評価してみてください。ダイエット中なのにまさか半分以上ひどい食事をしているはずはないでしょう。全体の70点以上も取れれば成果は出ます。「ある程度の失敗前提」で続けることが、ダイエットという生活訓練だと思いましょう。

19

過食してしまったあと、冷静に判断できるかも
知識があれば違ってくる。
一度の過食ですべてが水の泡になるわけではない。
ストレスで過食し、
その過食がさらにストレスとなり
連鎖することがリバウンドとなる。

ストレスを「食べること」で解消しない

ダイエットが続かない人の特徴に「あーもうダメだ！」と、一度のミスで、すべての努力が水の泡だと思ってしまう、妙な完璧主義があげられます。

たとえばヤケ食い、ドカ食い。イライラしたり、落ちこんだときに食べて発散しようとする人は、「もうダメだ！」とダイエットを終了してしまうケースが多いです。会社や学校のストレスだけでなく、ダイエットでがまんしているストレスもあるので、余計に投げ出してしまいやすい……。

まず気をそらしてみましょう。ジャンクフードを買い込んで、部屋にこもって食べるかわりに、カラオケやアウトドアに出かけてみれば？　ストレス発散の女子飲みもいいですが、「タラレバ娘」よろしく居酒屋に行くよりは、明るい気分になれる場所を選べば、ドカ食いは避けられることも。私の実体験ですが、**自分がやりたいこと、あこがれているもの、大好きなものを優先して行動すれば、ストレスから解放されます。**身体を動かすのもおすすめ。精神が安定するヨガやピラティスはカロリーはたいして消費されませんが、リラックス効果としてはよいでしょう。

20

「昔は簡単にやせられた」
「昔10～20キログラムのダイエットに成功した」
でも、今は太っているという人は多い。
これは**失敗体験のはずなのに、**
過去の成功体験として
生き残ってしまっているのが問題。
そのせいで同じことを繰り返そうとしてしまう。

昔やせられても、今太っているなら意味なし！

まず、以前のダイエット方法ではうまくいかないことに着目しましょう。

野菜しか食べずに毎日ランニングをしていたとか、1日1食だけしか摂らなかったとか、ダイエット期間が終わったらすぐにやめてしまうようなムリなダイエットをしていたならば、それは絶対にやめるべきです。

やせられたのに、なぜリバウンドしたのか？　その答えは、「ずっと続けられないものはダイエットではないから」です。

ランニングでダイエットとかスポーツジムに通ってやせるといった話がなぜか定説のように広まっていますが、運動によるダイエットはかなり難しいです。運動するのはもちろん良いことですが、**あなたが運動が嫌いなら運動をしなくてもダイエットが可能な計画のほうが向いています。**

また、極端な食事制限でやせられたという例も、一生続かない食習慣なので結局元に戻ってしまいます。そのぶん、食べておいしく、太らない食べ方を身につけて、一生続けていくのが近道です。

本当に食べるのが好きなら、
好きなものを好きなだけ
食べられるように、
きちんと調整するっていうのが
本当に食べるのが好きな人だと
思うよ。

21

「だって食べるのが
好きだから〜」って
言う人は多いけどさ、
それって自分の子どものこと
愛しているから、
ものすごく甘やかしますって
言っているのと同じじゃないかな。

22

「あ～まじでやせた～い」と
言ってしまう病の改善がダイエットです。

たとえやせても、この病気が治るとは限りません。
なぜなら、食事制限をすると
一時的にやせることができてしまうからです。
食事制限をやめると、同じ体重に戻るので、

また「やせたい病」が発症します。

終わりがないからこそムリなダイエットはしない

私がよく言っているのは、ダイエットを「始める」とか「終了する」とか言っているうちは、常にリバウンドする生活を続けているのも同然だということ。

急激な食事制限で体重を落とすダイエットは、平たくいえば、軽い飢餓状態ですよね。そんなものは、一生続けることはできません。ですから、絶対に長くは続きませんし、ストレスも強い。

でも、本当の意味でのダイエットは、食生活の改善が中心にあります。

「ムダなものや、身体によくないものを食べなくてもずっと平気な状態」を続けることです。

もちろん、私はベジタリアンにならないとやせられないなどとは言っていません。きちんとした食べ物を適量食べて、満足でき、ジャンクフードを過剰に食べたりしなければよいのです。

食事改善は、つらいものではなく、だれにとっても幸せな食生活をめざすことでなければならないと思っています。

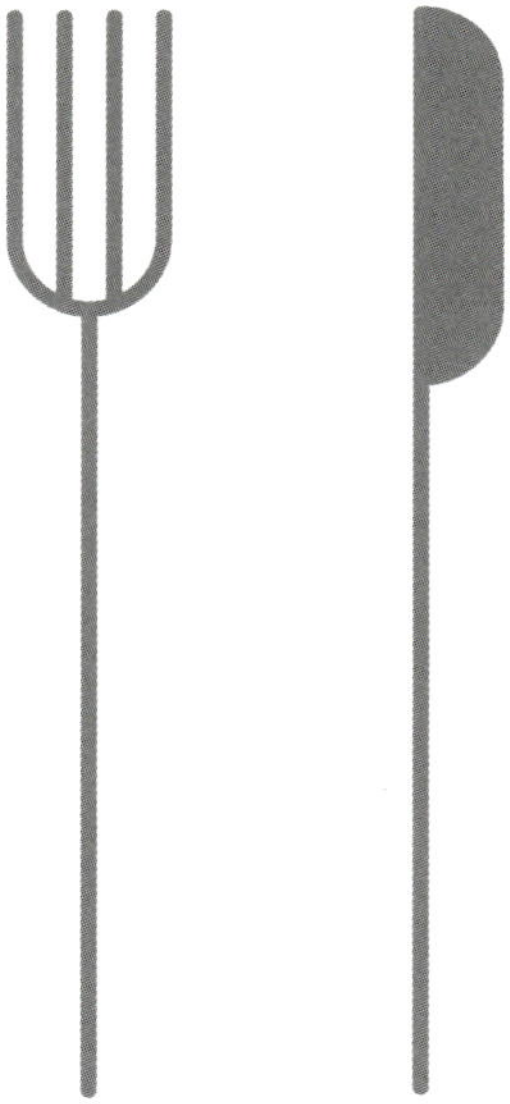

23

世の中やせたいって言ってる人
ばっかりな気がしてるけど、
ファーストフードや
カフェスイーツの
行列に並んでいる人は、
また違う人たちだったり
するのかなぁと思ったり……。

24

ダイエットは加圧トレーニングが効果的とか、
有酸素運動は筋トレの後がいいとか、
ランニングより水泳のほうが効果的とか、
○○を食べるといいとか、
やせるサプリメントとか、
そこの質を高めることじゃないと思う。
世の中のダイエットに対する考えは
ビジネスにかたよっている。

ダイエットビジネスにだまされないように

ダイエットを非日常としてしまうと、効率を求めたり、ある一定時期だけがんばろうという意識が高まります。それは悪いことではありませんし、それがきっかけで変化したという人もたくさんいるでしょう。

しかし「昔は○○という方法でやせたから」という人は、現状を見れば今はまたダイエットが必要な状態なわけです。つまり、それでその後失敗すること（＝リバウンドすること）が目に見えているのに、また同じことをしようとしてしまう――なぜ未来の自分に過剰な期待をしてしまうのでしょうか。

現状の自分の何がダメなのか、今の自分なら何ができるかをもう一度考え直して、ムリのない習慣を身につけるところからはじめてみましょう。

ちなみに、いろいろな「ダイエットに関する諸説」はビジネスと結びついていることが少なくありません。流行のダイエット法、たとえばダイエットドリンクやサプリメント、高額なジムなどにそのたびに支払っていたら……お金だけを失うカモにならないように気をつけましょう。

食べてはダメと思わないことです。
食べる時間のルールを決めるとか、
ムダな食べ物を家に置かないとかが大事。

バウムクーヘンやアイスクリームは
別に食べてもいいんですが、
マーガリンが入ってるのは食べないとか、
ラクトアイスやアイスミルクは食べないとか。
最悪なものだけ避けるところからですね。

26

食べてないのにやせない人は、
もっと減らすしか手立てがなくなってくると、
単なる栄養不足になってしまうので、
「いったん増やす」勇気が必要ですよね。
糖質制限してたら糖質を。
脂質制限してたら脂質を。

減らしてやせないなら、増やしてみる！

やせるにはとにかく食べる量を減らせばいいと短絡的に考えて代謝が落ちてしまい、体重が減らないと悩む女性は多いですね。

このタイプには、「肉は太るので絶対に食べない」など、少し前までダイエットの基本のように言われていた「肉は悪者」という考え方を信じている方が多いのです。

ですが、体重が落ちない原因は、単純に食べていないから。

だからこそ、鶏肉や魚などの良質のたんぱく質を増やすこと。

増やしてやせるという、実感をともなう成功体験ができればもうつらい「食べないダイエット」には戻りません。

理想のスタイルになれても、
食に翻弄されていれば
それはダイエット成功とは
言えない。

27

過食にしても拒食にしても、
食に心を奪われて翻弄されている
状態から
抜けだすことがダイエット。
自分に必要なものや
おいしくいただけるものを
判断し、食を楽しめるように
なることをゴールにしたい。

28

「明日からお菓子禁止！」とかいっても、
絶対食べてしまうわけですよ。
恋愛でも、すっごい好きだった人を
「もう嫌いになる！」なんて
いきなり嫌いになれないじゃないですか。
方法としては、別の人を好きになったりして
意識や興味が別にいくことです。
「意識しない！」という意識は、
すでにそれを意識してるでしょ。

「意識しない」ようにするのではなく、気をそらす

人間の欲求と意思は、私たちの脳の中に別々に存在するものですから、どんなに強い意志を持っていても、そう簡単に欲求を消しさることはできません。

「お菓子が食べたい」という「欲求」は、「お菓子はやめなければならない」という自制心よりも、より根源的で太古から人間が生き延びるために備わった脳の機能に属しているので、衝動をコントロールする脳の働きを妨げてしまうのです。

意識しないように意識するよりは、むしろ**意識をそらすほうが、私たちの欲求をコントロールするのには有効です。**

たとえば、人間は衝動的な欲求が高まると心拍数も上がります。そのため、1〜2分間、ゆっくりと呼吸して心拍数を変えるだけでも、欲求が弱まるとわかっています。

意思だけに頼らず、**気をそらすテクニックを使ってみましょう。**お菓子でなく散歩に出かけるとか好きな音楽を聞くなどもひとつの手です。

29

「お菓子禁止！」とかやると、
お菓子を食べたくて仕方なくなる。
じゃあどうするか？
お菓子以外を食べることを意識しよう。

体作りに必要な栄養をどうしたら
おいしく食べられるかを考える。
ダイエットでは「食べないこと」ではなく、
必要な食べ物を「食べること」を楽しむべき。

そういうことはあるものだし、
望んでないというだけなのだから。
ダイエットにいいわけする人も、
いろんなことを
歳のせいにする人も、
魅力的じゃないけどね。

30

「いいわけ」は
その人の思考停止を意味する。
行動を起こすことも、
考えることもやめてしまった人。
別に悪いことじゃない。

31

ダイエット指導では、旦那や子どもが理由でやせられないという奥さんの話をよく聞く。

でも、子どもは、自分で食事を選ぶ権利もケチをつける権利もない。旦那の場合も奥さんが毎日料理を作ってくれているなら言いにくいだろうし……。

まぁ、どのパターンでもそれなりに大変。

環境は自分で整えられる

育ちざかりの子どもが揚げ物好きだからとか、夫がパスタが好きだからとか、さまざまな事情によって家族のせいでダイエットできないという奥さんがしばしばいらっしゃいます。

先日出演したテレビ番組でもそのような奥さんにダイエット指導をしました。**厳しいことを言うようですが、結局それはあなた次第です。**

低脂肪・高たんぱく質の食事を多くすることで、旦那さんやお子さんに悪いことはいっさいありません。それどころか家族ぐるみで健康になれるわけですから。

問題は家族が力になってくれるか。自分自身がどうするかも大事ですが、**環境をどう作るか、つまりあなた一人ではなく家庭もダイエットの一部なのです。そして他人のために自分を犠牲にする必要はないという考えも必要です。**

目の前に食べ物があれば、
だれだってつい口にしてしまいます。
まずは環境を整えること。
家族に協力してもらえるのは
一番よいことですが、

自分でできる範囲で、
お菓子や太りやすい食べ物を買わない、
買い置きをできるだけしない、
頂き物は他の人にあげたり
一緒に食べたりするということを
心がけてみましょう。

成功したと思っている体験は、
失敗経験なので、
それとは別のことをすべきです。

33

よく「ダイエットに成功したり
失敗したりを繰り返してます」
という人がいますが、
ダイエットは維持できてはじめて
成功といいますから、
結局、一度も成功できてないと
いうことになります。

34

昨日、今日食べたものは木で、
今まで食べてきたものが森。
木を見て森を見ずになってはいけない。
でも、森は木からできている。
そのことも知ってる上での話だ。

私はいま、何を食べている？　そこから始めよう

食べ物を食べるのは、生きるため、栄養を摂るため。スポーツ選手のように身体を使う人、病気から回復中の人、そしてダイエットをしたい人……みなに共通して大切なのは、自分にとって必要なものを食べ、必要でないものや身体に悪いものを食べないようにすること。

そのためにはどうすればいいでしょうか？　**まず、自分が何を食べているのか知ること。**健康によさそう、とテレビや店頭の宣伝文に促されるままに食べ物を選んでいませんか？　安くておなかがいっぱいになればいいと思っていませんか？　個人の価値観は否定しませんが、それでは健康的にやせることはできません。

なぜなら、**いま、私たちが手軽に食べられる食品やメニューは、糖質が多く含まれていたり、脂肪分が多すぎたりするから。**「野菜たっぷりだからヘルシー」と思うかもしれませんが、それを上回るパスタの糖質を無視してはやせられないのです。

「森は木からできている」からこそ、木の中身を知らずにダイエットに成功なし、なのです。

35

「死ぬ気で○○する！」
「絶対○○しない！」って
いう言葉だけ振り切っているけど、
実際にはあいまいな決意より

「週○回までは守れなくてＯＫ」
「○○～○○に収まるようにする」などの
具体的な決意のほうがよほど堅い意思である
というのは意外と知られていなかったりします。

36

「ダイエットを決意する」ことは
誰でもできますが、
失敗してしまう原因として
無意識的に「食べてしまう」があります。
無意識は意識よりも大きな力があり、
無意識のプログラミングが切り替わるほど
脳を揺らす体験がないと、なかなか変わらない。

「ダイエットしなくちゃ」だけでは、全然ダメ

「ダイエット中なのについ〇〇しちゃった」という言葉、よく耳にします。みなさんの中にも、口癖になってしまっている人もいるのではないでしょうか。厳しいようですが、これが口癖になっている人はかなりマズいです。

ダイエットは期末試験の期間のように1週間やそこらで終わるものではありません。長期で続ける工夫が必要なのです。

「無意識に」「つい」「今日だけはごほうび」を続けていたら、それはもう、実際のところ、ダイエットしていないのと同じ。

もしあなたが、ほんとうに減量や食生活の改善が必要なほど太っているのならば、今までどおりの生活をしながら、「自然と」無意識レベルから考えや行動が変わるというようなことは、難しいでしょう。むしろそれで順調にやせたら奇跡です。

食生活や日常生活の改善を長期間続けていくのが、本来のダイエットです。

何らかの仕組みやルール作りもせず、「なんとなく」ダイエットを長続きさせるのはほとんど不可能だということを踏まえておきましょう。

part 3
やせる食べ方

「食べ方を変えればやせられる！」これが私の持論です。食べ方次第で、糖質依存やたんぱく質不足を解消して代謝を上げることができます。心もカラダも満足する食習慣をマスターしましょう。

脂質

揚げ物は避ける。
植物性油脂を使った
加工食品を避ける。
調理はオリーブオイルや
ココナッツ油、エゴマ油など。
魚の刺身の頻度を増やす。

37

糖質（炭水化物）

白砂糖をできるだけ摂らない。
精製度が低いものを選ぶ。

たんぱく質

毎食摂取する。
動物性だけにかたよらず、
動物性：植物性が7：3くらいの
割合で摂れるようにする。

38

アボカド食べようが、
ココナッツオイルや
グリーンナッツオイル使おうが、
ココナッツウォーターや
アーモンドミルク飲もうが、
アサイー食べようが、
やせるかどうかとは無関係。

身体にいいものを「オン」しただけでいい？

女性に人気があるヘルシー食材。森のバターと呼ばれるアボカドはもちろん、スーパーフードと言われるアサイーなどの、「美意識の高い」女性がチョイスしやすい食材や素材を並べてみました。

これらの食品を摂ることはもちろん、ジャンクなものをチョイスするのに比べたらいいことなのですが……なぜ、「やせるかどうかとは無関係」なのでしょうか？

身体によい栄養素がオンされるのは良いことです。**でも、やせる**（体重を減らす）**ということにおいて、もっとも基本となるのが「カロリーの消費」と「適切な栄養バランス」を保つこと。**

アボカドを毎日1個ずつ食べても、パンケーキや菓子パンざんまいだったら意味ないですよね？ ちなみにアサイーボウルには糖度の高いハチミツがたっぷりかかっていることもあります。

「アサイーボウル、毎朝食べてるよ！」なんて、**アクセサリー感覚でヘルシーフードを食べたところで悪いものをやめなかったらダメなんです。**

39

グラノーラはおいしい。
でも決してヘルシーではないし、
ダイエットにも向かない。
嗜好品としておいしい食べ物と認識して
食べる分には別にいいと思う。

要するに、デザートです。デザート。
朝からデザート食べてたら
そりゃやせないと思うよね……。

40

グラノーラは糖質が過多になる傾向もあるし、何より油が問題。あのサクサクは「油」。オメガ6だよね、確実に。しかも熱に弱いのに高温で酸化。発がん性、AGEsよろしくの過酸化脂質をミルクで摂取。そこにドライフルーツなんて足したらもう……コレ以上はやめときます。おいしいよね。グラノーラ。

グラノーラは油と砂糖たっぷりのお菓子です！

おしゃれな朝食にぴったり、と人気のグラノーラ。カラダによさそうなイメージが強いですよね。

でも実際のところ、グラノーラはシリアルと砂糖を混ぜて熱したもので、焦げた部分は酸化によって過酸化脂質となっています。

これは、老化物質ＡＧＥｓ（メイラード反応）とほぼ同じもの。体内に貯まれば貯まるほど老化を進めると言われています。酸化ＡＧＥｓは、シミ、シワ、タルミなどを体内から引き起こすと言われているため、美しくなりたい女性ならとにかく避けましょう。

ちなみにフルーツグラノーラに入っている**ドライフルーツは食物繊維が摂取できるものの、ほとんどは「糖質」ですから、スイーツに分類されます。**そこに砂糖や保存料が多く使われている場合もあるので要注意です。

41

食欲ががまんできない！　というとき、
15分ほど待ってみるのはひとつの手です。
それでも食べたくなったら食べる。

でも、その食欲は血糖値を上げたいという
単なる欲求なので、
血糖値が急上昇するお菓子やパンではなく、
お米やフルーツなどがベターですね。
あと、少し身体を動かすとか。

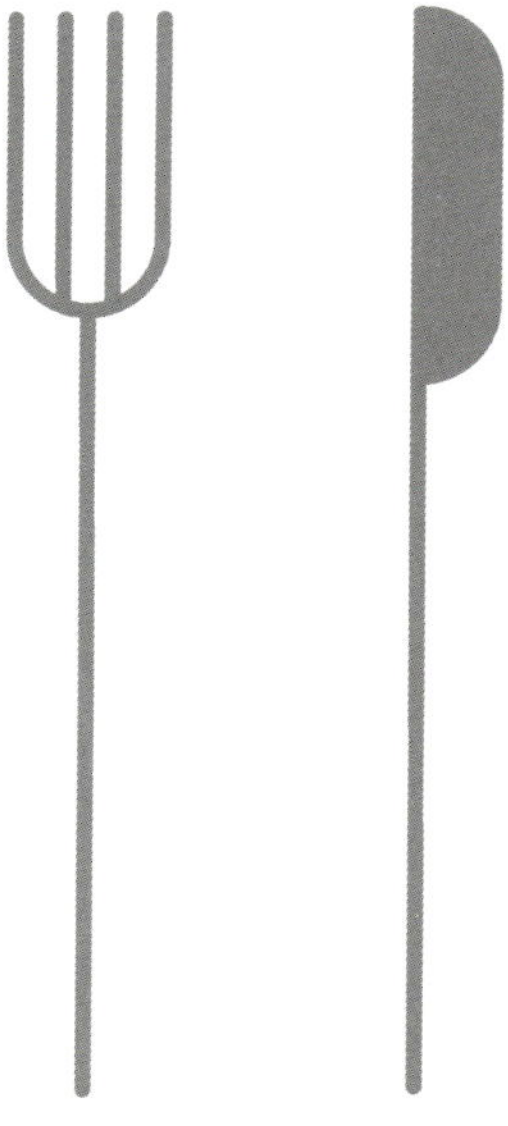

42

サラダにヒタヒタに
ドレッシングがかかってたら、
それは揚げ物食べてるみたいなものだと
思いますけど……。
市販のドレッシングに
使われているのは、
オメガ6系の油がほとんど。
そこに調味料として糖類などが加わって
野菜を食べるよりデメリットが
大きいです。

43

ひまわり油、グレープシード油、紅花油に
多く含まれる**オメガ6系の油は、**
アトピー性皮膚炎や花粉症などの
アレルギー症状の原因ともいわれています。
アレルギーは体内で起こる炎症作用と
体の拒否反応ですから、
オメガ6過多の食生活をしていると、
アレルギー症状が起きやすくなるのです。

摂りたい油、避けたい油を見極めよう

脂肪は、ホルモンや身体を造るのに必要な栄養素ですから、ダイエットをするといってても完全にカットしてはいけません。とはいえ、摂りたくない脂があります。それが、オメガ6。

不飽和脂肪酸のタイプは3種類ありますが、そのうちオメガ9、オメガ6は平均的な日本人は十分に摂れていて、やや摂りすぎの傾向にあります。

頻繁な外食やコンビニ弁当などの現代的な食生活をしていれば、もはや、オメガ6は意識して減らさなければ摂りすぎになってしまう油なのです。このオメガ6は、摂りすぎによって体内で炎症を引き起こし、内臓疾患、アレルギーの原因になると知られています。

一方、断然足りていないのがオメガ3（一日の摂取目標は2グラム以上）です。幸い、和食の定番素材でもある**青魚には、オメガ3が多く含まれています。**また、オメガ6系のドレッシングなどをやめて、エゴマ油などオメガ3が多く含まれる油を調味料に変えてみるのもおすすめです。上手に「太らない」油を見極めましょう。

オメガ6系の油（なたねや大豆、サラダ油）やトランス脂肪酸（マーガリンやショートニング）は代謝に関わる甲状腺ホルモンやレプチンなどの機能を低下させる……。

加工食品（スナック菓子やパンなど）や揚げ物などの摂りすぎは高カロリーに加えて、ホルモン機能を狂わせる恐れがあります。

なにを摂るかよりもまず、悪いものを摂らない注意を

忙しい毎日では、手軽な加工食品を使うことも当然あるでしょう。また、さまざまなお菓子は、息抜きやお茶の時間には欠かせない……かもしれませんが、これらの食品のほとんどに、植物油が使われています。

植物油は、その名前の響きや製品パッケージからは想像もつきませんが、ホルモン代謝を狂わせる作用もあるので、できるだけ避けるべきなのです。

たんぱく質を摂るための動物性食品には自動的に脂質がついてきますが、ドレッシングや揚げ物、加工食品では、ムダに代謝を狂わせる植物油を摂取することになります。カロリーだけでなく、代謝を狂わせるのが問題です。

「努力しているのになぜかやせられない」という人の場合、「やせる効果」が謳われているヘルシー食品を積極的に摂る反面、こういった身体の代謝を悪くする「やせなくなるもの」も口にしているおそれがあります。**悪いものをやめるほうが、よいものを摂るよりも重要です。**

オメガ9（オレイン酸）

例：オリーブ油、キャノーラ油、ごま油、米油

糖やたんぱく質で体内合成できるため、積極的に摂取する必要はないが、オメガ6を減らす代わりに調理などで使用したい。

△

オメガ6（リノール酸）

例：大豆油、ひまわり油、グレープシード油、紅花油、コーン油

摂りすぎている油。リノール酸は植物性油で体に良いという間違った広告の影響もある。無意識でも摂りすぎてしまうので、積極的に減らすようにする。揚げ物などで使うと、1食で1日の必要量をオーバーする。

×

オメガ3（α-リノレン酸）

例：亜麻仁油、エゴマ油、グリーンナッツ油、青魚、くるみ

積極的に摂るべき油。抗炎症作用や、血液をサラサラにする作用がある。植物性の食品に少量含まれるが、意識的に摂取しないと不足してしまう。

○

トランス脂肪酸

例：マーガリン、ショートニング、ファットスプレッド

植物性油に水素添加をすることにより、飽和脂肪酸に近い形にした、自然界に存在しない科学的な油。体内消化が困難で、発がん性も危ぶまれる。摂取はできるだけゼロにしたい。

××

図５　摂るべき油、摂ってはいけない油

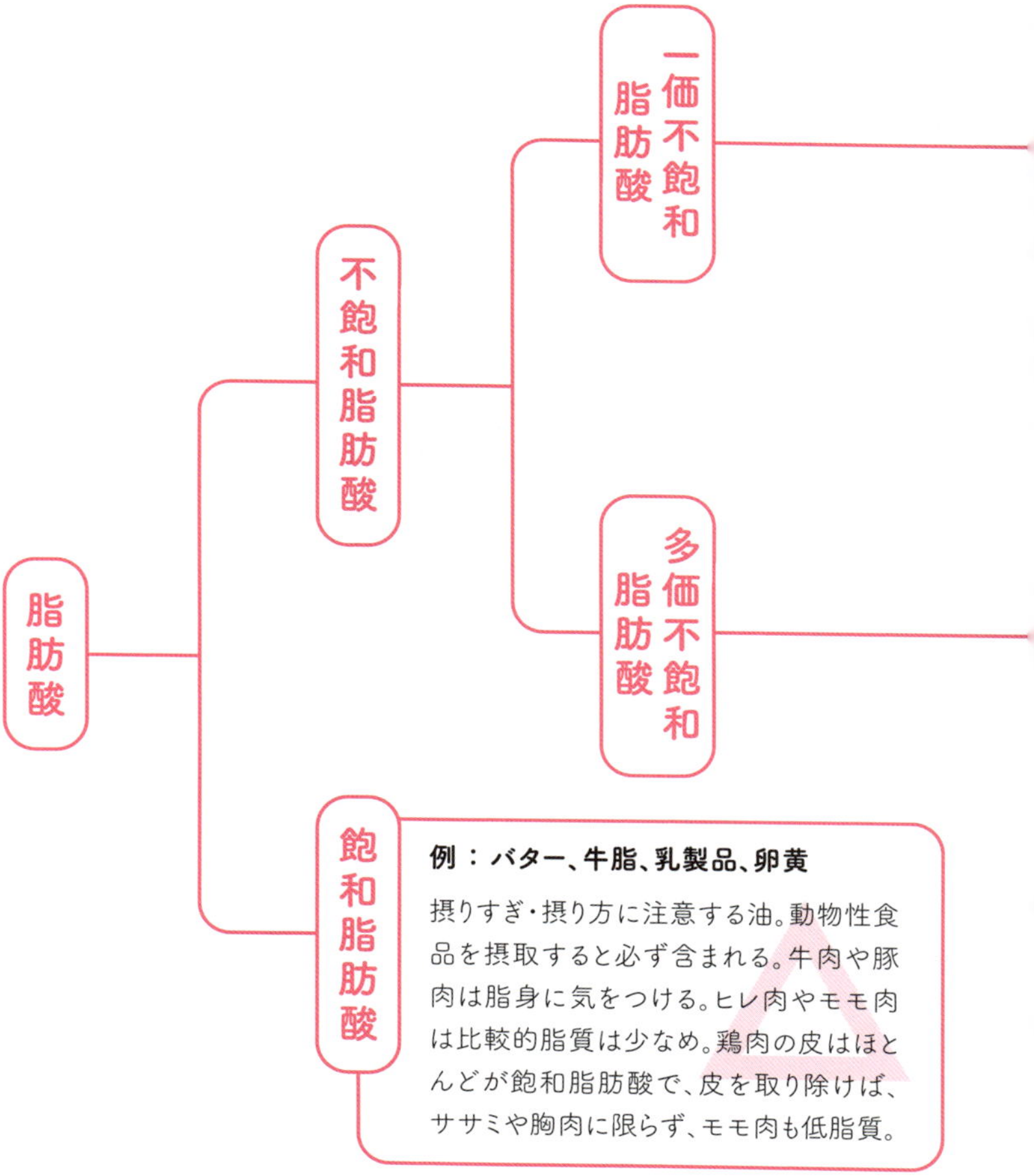
脂肪酸
不飽和脂肪酸
一価不飽和脂肪酸
多価不飽和脂肪酸
飽和脂肪酸
例：バター、牛脂、乳製品、卵黄
摂りすぎ・摂り方に注意する油。動物性食品を摂取すると必ず含まれる。牛肉や豚肉は脂身に気をつける。ヒレ肉やモモ肉は比較的脂質は少なめ。鶏肉の皮はほとんどが飽和脂肪酸で、皮を取り除けば、ササミや胸肉に限らず、モモ肉も低脂質。
△

ノンオイルドレッシングはオイルがない分、果糖ブドウ糖液糖などで味付けしてることが多い。超低カロリーなやつはスクラロースなどの人工甘味料を使っている。

ドレッシングはオリーブオイルか亜麻仁油、
エゴマ油やインカインチ油がおすすめ。
もちろん遮光性ボトル&冷蔵庫保存で。

「お菓子を食べても太りません」というと、
何だか安心する人がいるみたいですが……、
正しくは「お菓子を食べても太るとは限りません」
ってだけです。
だってもし、毎日シュークリームを
1個しか食べない生活だとしたら、
太ることはできないですよね。
単純に**必要以上にエネルギーを摂ったら、**
体脂肪になるわけですからね。

余ったエネルギーは蓄えられるようにできている

食べ物の乏しい原始時代を生き抜いた名残りとして、私たちの身体は余ったエネルギーを体内に貯めこむメカニズムになっています。

三大栄養素のたんぱく質・脂質・糖質のうち、たんぱく質は、筋肉や内臓などの身体の構成分としても重要です。

一方、**エネルギー源である脂肪や糖質は、とりあえずその日の活動分で使い切らなければ、主に身体の脂肪として蓄えられます。**

そして、身体についた脂肪は、いよいよ使わなくならねばならないときまでは、使われません。

もし毎日十分な糖質を摂っていれば、まずはそれがエネルギー源として燃やされます。活動量が多く食べた分だけのエネルギーでは足りなくなったときに初めて、蓄えた脂肪が燃やされ始めるのです。

お米を食べて代謝が上がり、やせることもある。
お米ばかり食べすぎて栄養がかたより、
筋肉が落ちることもある。
お米も食べすぎれば体脂肪になるし、
体脂肪ではなく、筋肉に糖が蓄えられることで
水分が増えて体重が増えることもある。

体重の増減だけでは何もわからないのです。

単体にとらわれすぎない

「お米は糖質が多いから食べないことにしている」とか「白米は太る」などと言う人が多いわりには、ほかのものには全然気をつけない人がいる……という一例でのつぶやきです。

たしかに糖質制限は一定の効果があるダイエットなのですが、糖質はお米だけにかぎりません。うどん、パンやケーキに代表される小麦製品、ハチミツやメープルシロップも糖質です。極端な言い方をすれば私たちがおいしいなあと思うものの大半に糖質がたっぷり含まれています。

お米は糖質が多いから食べないという人にかぎっておやつにパンケーキを食べていたり、逆にパンやパスタをやめているけれどからあげをおかずに白米ごはんを大盛りで食べている、といった詰めの甘い人が多すぎると私は思っています。

自己流のダイエットで体重が増えた・減ったで一喜一憂していると、結局は不健康な状態を続けてしまうのです。

48

糖は摂ってもいいんですが、
量を摂りすぎないことです。

食物繊維、ビタミンB_1、マグネシウムなどが
入っているものを同時に摂ると
代謝されやすくなります。

お菓子やパンはそれらがないので、
体脂肪になりやすいです。

別にそれらじゃなくても脳は満足しますよ。

糖質制限だけが完璧なダイエット方法ではない

糖質制限ダイエットは定評のあるダイエットです。

私も効果は高いし、**ＢＭＩ25以上の肥満の方であれば、基本的には体に害はないダイエットだと思っています。**

しかし、いくつか問題があります。

とくに、糖質を含む食品は私たちの身の回りにとても多いということ。だから、完全に避けるのが難しいですし、おいしいものでも食べられないということが多くなり、ストレスが増えてしまいます。

糖質を摂る場合は脂肪をなるべく摂らずにしっかり筋トレすることで筋力を維持またはアップさせていくことができますが、食環境としては可能でも、なかなか実践するのが難しいのが現実です。

ちなみに、ジャンクフードはほとんどの場合、高糖質＋高脂質ですから、糖質制限をしていなかったとしてももちろんＮＧです。

49

ダイエットの基本として、
砂糖よりも
果糖ブドウ糖液糖を摂らないほうが
効果的で簡単なことだと思うよ。

50

コーラを飲んでた人が、
ダイエットだといって乳酸菌飲料を飲んでる……
というのは冗談でなく、よくある話。
ダイエットに失敗する原因のひとつは、
雰囲気で食材を選んでしまうこと。
どちらの飲料も主原料は「果糖ブドウ糖液糖」。

「異性化糖」はダイエットの大敵

「果糖ブドウ糖液糖」は、「異性化糖」と呼ばれます。トウモロコシやデンプンをもとに酵素の力で変換して作られているものです。低温で強い甘みが特徴でジュースやアイスクリームに使われますが、**血糖値がすぐに上がりやすく、砂糖よりも太りやすいという実験結果もある**そうです。

字面こそ「果物」の「果」からよいイメージがありますが、果糖ブドウ糖液糖の摂取はなるべく控えめにしましょう。口当たりが良いからといって、夏場やスポーツのあとに、果糖ブドウ糖のたっぷり入ったドリンクをゴクゴク飲んでしまわないようにご注意を。

乳酸菌は腸ではたらく善玉菌ですが、乳酸菌飲料で摂取しようとすると確実に糖質の摂りすぎになります。ヨーグルトやチーズでも摂れますし、乳酸菌だけを摂取できるサプリメントという選択肢もあります。ブドウ糖は血中に移行し肝臓や筋肉に貯蔵されるほか、中性脂肪としても蓄積されます。

一方、果糖はほとんどが肝臓で代謝され、中性脂肪に変わりやすいのが特徴です。

51

罪悪感少ないわりに
攻撃力高いのは、
ドライフルーツとハチミツな。

意外と盲点は、
ココナッツシュガーやアガベ、
ハチミツ、メープルシロップなどの
低GI甘味料。
これらは果糖が多いから
低GIなんです。

52

果糖を不自然に
摂りすぎてしまうキッカケは、
果糖ブドウ糖液糖、白砂糖が主です。
果物の食べすぎや飲料などでの
多量摂取に注意。
（果物は果糖だけでなくブドウ糖も多い）

こんにゃくゼリーって低カロリーで
ヘルシーなイメージあるけど
1個29キロカロリーで糖質6・5グラム。

まぁ1個食べるのには問題はないけど
原材料は、ほぼ糖質。
つまりこんにゃくというより糖質のかたまり。
プルプルの糖質。

青魚に含まれるオメガ3系の油や、
たんぱく質などの動物性食品を
しっかり摂る必要がある。

54

代謝機能を取り戻す方法として、
砂糖などをはじめとした精製糖、
加工食品や揚げ物などの
酸化した油やオメガ6系の油は
確実に避けること。

55

30代以降くらいの
やせにくくなったと感じる女性たちの多くは
10代や20代で低カロリー&低栄養ダイエットを
繰り返し、体重の増減だけを意識していたため、
やせにくい身体を作っていたことに、
年をとってから気づく。

食べ物を変えないとやせられない

女性の多くはストイックにダイエットに取り組むことに慣れてしまっています。ダイエット中にはご飯もお肉も口にしない。主に食べるのは、サラダや春雨ヌードル、果物、ダイエットフードなどです。

このように栄養の少ない食習慣では筋肉は落ちますから、ほっそりはしますが、代謝は落ちるし冷え性にはなるし、体力が落ちて歩くことすら面倒になる人もいます。

ちなみにリバウンドするときにつくのはまずおなかの内臓脂肪、そして皮下脂肪です。筋肉はつかないので、昔と同じ体重でも体脂肪率がどんどん上がってしまいます。

その結果、代謝が落ちているのでますますやせにくくなり、脂肪を貯めこむ身体になります。もともとが低カロリー思考の食生活なのでそれ以上減らせるものもほとんどありません。結局、ダイエットをしても体重は減りません。このタイプは筋力も少なくなっているので有酸素運動をしても効果が出にくいのです。

まず、栄養のバランスを知って食べ方を変えないとやせられる可能性はないとお考えください。

56

どうしてもおやつを食べちゃう人には、
がまんさせるより、
おやつを食べないくらい充実した食事を
摂ってもらうのが基本。
おやつをがまんしなきゃならないような人は、
なぜかおやつをがまんすると
食事まで貧相なものにしてしまう傾向がある。
こんにゃくとか豆腐しか食べなくなったり。

おなかが減るのは「栄養不足」だからかも

どうしてもおやつをがまんできないという人に食事の内容を聞くと、食事と言えないものばかり食べていることが多いのです。

たとえば、朝からケーキや市販のスムージーといったものを摂って、お昼はサラダだけ。夜はダイエットを気にして野菜スープだけとか。こんな人には「軽い飢餓状態ですよ！」と厳しくお伝えしています。

そこにまたおやつとしてジャンクフードを足しても、必須栄養素は依然として足りませんから、いつまでたっても食欲は満たされることがありません。悪循環です。

身体は三大栄養素（たんぱく質・脂質・炭水化物）とビタミン・ミネラルを摂取できる健康的な食事を求めています。**まずやるべきは、1食でも2食でも、たんぱく質多めの栄養バランスの取れた食事をしっかり摂ること。**

オトナ女子以上の年齢の方なら、糖質の摂取しすぎを心配される方もいるでしょうが、腹持ちのよい玄米やご飯などを食べたほうが、空腹になるまでの時間が長くなり、結果的にうまくいきます。

57

いつもいうように、栄養バランスとは、
たんぱく質・脂質・糖質の三大栄養素のことを
言うのであって、
それらを含まない**野菜を食べても**
バランスは整わない。
野菜を食べることでかさを増やし、
ムダなエネルギーを摂る機会を
減らすことにはなるけどね。
野菜は栄養の補完のために使うと良いと思う。

野菜をたくさん食べてもダメ？

野菜には、ビタミン、ミネラル、繊維など身体のケアや代謝を助けるさまざまな成分が含まれますが、三大栄養素がほぼありません。「野菜を食べてればヘルシーなんでしょ～」となんとなく低カロリーの食生活を続けている人は、低栄養となってしまうので要注意です。

人間が生きていくには、エネルギーが必要です。エネルギー源として摂取できる食品は、たんぱく質、脂質、糖質（炭水化物）のいずれかのみ。

3つの栄養素からそれぞれどのくらいの割合でカロリーを摂るべきかの目安とする「PFCバランス」というものがあります。

P（Protein）はたんぱく質、F（Fat）は脂質、C（Carbohydrate）は炭水化物の頭文字です。

厚生労働省「日本人の食事摂取基準」ではPFCは15：25：60くらいが基準として示されています。ただ、この数字は日本の食生活をベースに決められているものということで、糖質（炭水化物）が多めなのです。

私の個人的な見解では、**筋肉量を減らさないためにももっとたんぱく質を摂るべき**と考えています。

運動で糖質を消費するなら炭水化物は多くて良いですが、運動しないのなら、ＰＦＣバランスは30：40：30くらいがいいでしょう。

糖質はお菓子などで摂りすぎないこと。たんぱく質は動物性のものをしっかり。脂質は揚げ物やドレッシングで摂りすぎないことを心がけると、このバランスでも摂取カロリーを抑えられて高栄養な食事ができます。

食事のたびにこのＰＦＣバランスを意識することが習慣になるといいですね。

図6　食べ方がわかる！PFCバランス

おすすめの基準

糖質は控えめ、たんぱく質と脂質を多めにとることで栄養バランスが保てます。

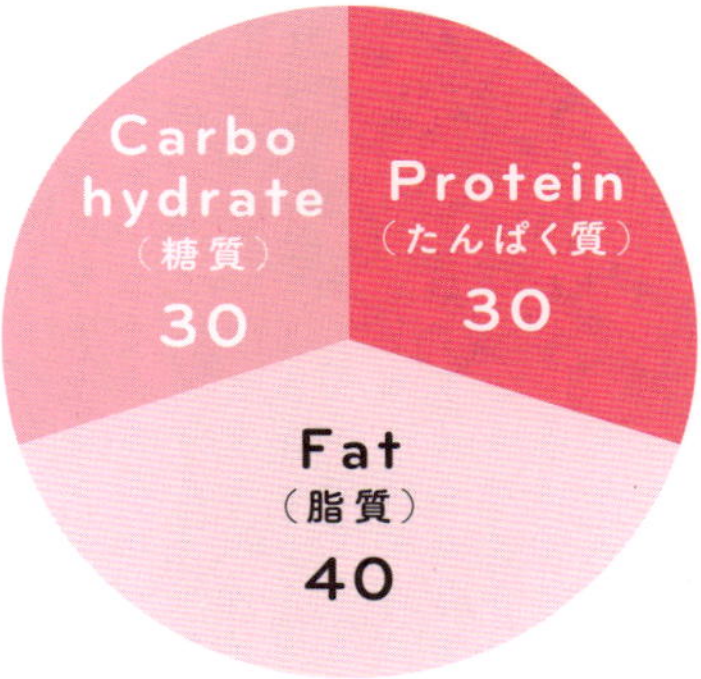

厚生省の基準

日本人ならではの白米中心の食生活を反映して、糖質が圧倒的に多いバランスです。

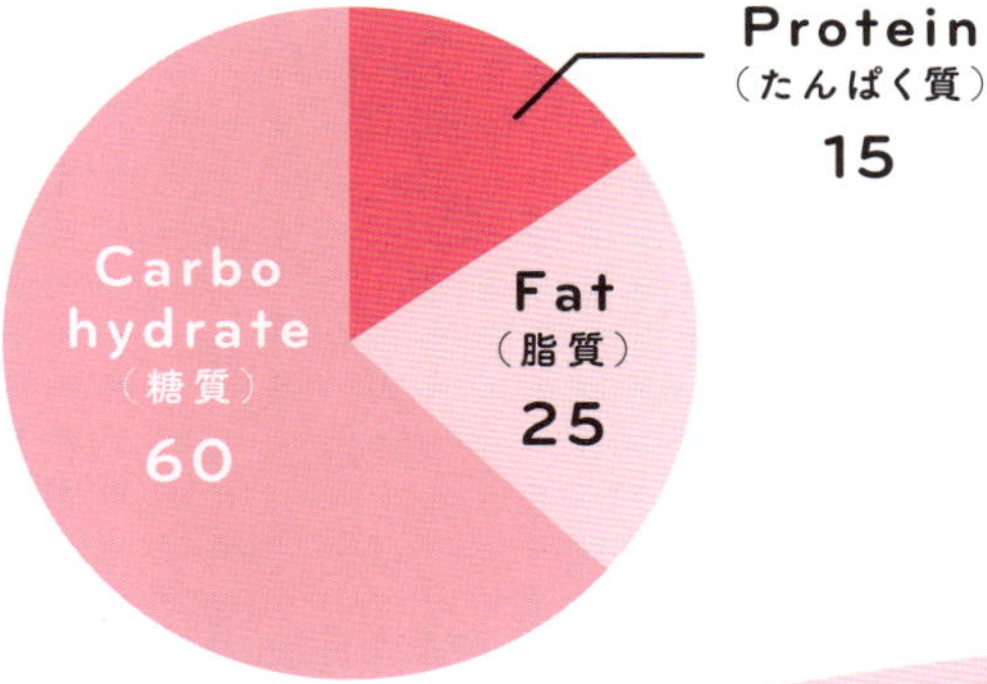

「バランスよく栄養素が含まれている」なんていうけど、**バランスの定義は何よ？**って思う。

もしたくさんの種類の栄養素が入ってるってだけなら残念すぎる。

入ってる栄養素の量がすごく少ないものだったらさらに残念すぎる。

微量を摂るくらいなら、自然の食べ物を食べるほうがよほど多く含まれている。

アサイーボウルはほんとうにヘルシー？

　ビタミンが足りていないとか、日本人は繊維の摂取量が足りないとか、私たちは栄養バランスが取れていないことには敏感になりがちです。だから、「これだけで一日分の〇〇が摂れる」とか「1粒で何十種類をカバー」といった商品や食べ物に弱い。つい、昼間に大盛りご飯を食べてしまった後ろめたさから、そういった数百円で買えるバランス食品や、健康食品を買ってしまうわけです。

　一時、大流行したアサイーボウルもありがちな例です。抗酸化作用の高いポリフェノールを豊富に含むアサイーですが、アサイーボウルとして**売られているピューレやジュースは、アサイーの量が微量であることが多い**ので、糖質の摂りすぎが心配な場合もあります。

　普段の食事を見直してみるほうがよっぽど効果的。たとえば「マゴワヤサシイ」（30ページ参照）の入った**野菜たっぷりの味噌汁を食べるだけでもずいぶん違います。**

　外食するなら、高くても身体にいいものが食べられるお店や新鮮で品質の良い肉を食べられる店を選ぶこと。根本的な食べ方を見直しましょう。

59

アンダーカロリーなら
やせるのは間違いないんだけど、
カロリーを下げすぎたり、PFC比率が悪かったり、
ミネラル・ビタミンが少なかったりすると、
太りやすくなりながらやせるんだよね。
特に、有酸素運動なんてしてたらよくないね。

生きるためにカロリーは必要！

急激に摂取カロリーを減らしたり、食べた分だけ運動で消費するやり方では、非効率な上にどんどんやせにくいカラダになってしまいます。

まず、**たんぱく質が足りない食事では、脂肪だけでなく筋肉も落ちやすくなります。**その分、体重が減るインパクトもあり、効果が出ていると考えがちですが、急激に体重が落ちているときほど必要なものも失っていて代謝を下げてしまっている可能性があります。

そして、まどわされないでほしいのが「有酸素運動」信仰です。有酸素運動については、カロリーを効率的に代謝するとしてダイエットでは推奨されてきました。ですが、私は重視していません。**有酸素運動を続けるほどに、体は省エネ化してやせにくくなるからです。**

有酸素運動は筋肉が落ちて代謝も落ち、その運動を続けることでしか体が維持できない状態にもなりますからやりすぎは要注意です。つまり、代謝が下がり美容に悪いことをしながら、ツラさが増すダイエットになってしまうというわけです。

60

カロリーは、活動に必要なエネルギーで、
余った分が体脂肪になるわけです。
「食べる＝太る」と結びつける人は、
食べることで活動の質が向上することに
目を向けていない。
代謝を上げるとは、そういうことなのです。

食べて代謝を上げることが近道

きちんと食べて、身体の代謝を上げましょう。**健康的に代謝を上げてやせるならば、カロリーは必要です。まずは体重1キログラムあたり30キロカロリーの摂取をしてみましょう。**

つまり、体重50キログラムであれば、1日あたり1500キロカロリーです。栄養バランスがとれていれば、これだけの摂取で2ヶ月くらいたてば良い変化が出てきます。

これで何も変わらない、もしくは体重が増えるという場合はかなり代謝が下がっていますから、食べる内容の質を上げるべきです。

結果を早く求める場合でも1キログラムあたり25キロカロリー以下にはならないようにしましょう。これ以下になると、このカロリー内で必要な栄養摂取やバランスをとるのが非常に難しくなりますし、長く続けていると代謝が下がってきます。

代謝を上げたいと言いながら極限の低カロリー食をしていても、いつまでたってもやせやすくはなりません。

今もそうですが、今後は低糖質の食品がどんどん増えていきます。
低糖質のまま味を落とさずコストはできるだけ下げることを工夫するために、

原材料に人工甘味料やオメガ6系脂肪酸、
化学調味料を豊富に使ったものが
あふれかえることになると予想します。

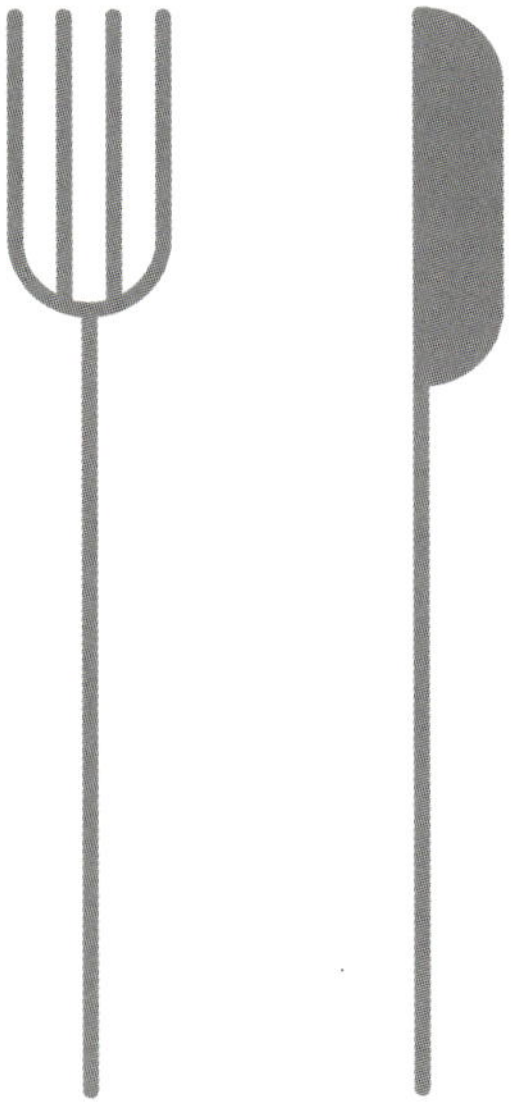

62

「朝卵」やってますか？

卵を３つ食べるだけで
1食に必要な栄養がこんなにとれる！
（食べ方は自由です！）
ただ、マグネシウムは意外と少ない。
ダイエットに必須なマグネシウムは、
大豆や海藻に多いよー。

卵の食べすぎで太る人がいたら、
おそらくほかの食べ物の食べすぎが
原因であることがほとんど。
これはプロテインも同じ。
カロリーオーバーしたら太るのは当然だが、
減らすべきものと必要なものの
判断ができないとダイエットにならない。

卵はスーパーフード！　私は1日3個食べてます

卵はたんぱく質が良質であるだけでなく、コレステロールやレシチンなどの良質な脂質も効率よく摂れる上に、ビタミン・ミネラルもまんべんなく含んでいて抜け目がないところが優秀なのです。

しかも、安価でどこででも手に入ります。温泉卵にするとどんな食材にでも合って、ゆで卵ならおやつに最適です。

不良なエネルギーと低栄養な食べ物でおなかを満たすことに比べたら、雲泥の差。間食やトッピングに私が卵をおすすめする理由はここにあるのです。

ビタミンCを含まないことや、マグネシウムなどは少ないので、補強は必要ですが、アレルギーでもない限りは、食べない理由はありません。

卵については、かつて最も心配されたのがコレステロールですが、食品コレステロールの摂りすぎで脂質異常症になる心配がないことは、厚生労働省でも公式に発表されています。むしろ卵を食べると良い状態へ安定するとさえ言われていますから、安心してお召し上がりください。

だとすれば、
やはり積極的に食べることから
始めるわけです。
はい。肉魚卵。

64

食べることをがまんするだけでは、
うまくいかない人が多い。
押してダメなら引いてみろとも
いいますが、
正しく食べていないから
余計なものを欲してしまう
のかもしれないですよね。

65

たんぱく質は肝臓のエネルギー源としても重要。
血中のたんぱく質であるアルブミンは、
細胞外にあるむくみを
血中に引き込む作用があります。
たんぱく質はやっぱり大事。
お酒飲んだ次の日にダルいとか、
むくむとかは肝臓の機能低下なんです。

ダイエットにも二日酔いにも「たんぱく質」！

ダイエットにおいてはとにかく、たんぱく質が一番大切です！**脂肪と炭水化物は控えても、たんぱく質は豊富にとってほしいのです。**身体の機能を支えて代謝を促進するためにもたんぱく質は必要です。

たんぱく質を構成するのはアミノ酸。20種類のアミノ酸のどれによって構成されているかによって、たんぱく質の性質や効果も異なります。

なお、これ以外にも、たんぱく質を構成しないアミノ酸「遊離アミノ酸」があり、二日酔いに効果のある「オルニチン」もそのひとつです。

こういったアミノ酸は肝臓機能を助けて、アルコール代謝の促進に一役買ってくれます。サプリメントで摂ると効果的です。

66

たんぱく質を積極的に摂るという鉄則を
わかっている人は結構いますが、
エネルギー源になる
糖質と脂質の上手な摂取は難しい。
でも、一番気にしてほしいのは、
加工度が高い上に糖質と脂質が混ざっていて
おいしいものをたくさん食べながらやせるのは
かなり難しいってこと。

迷ったら加工度の低い「素材のかたちに近い」ものを選ぶ

人間がエネルギー量の高いものをおいしく感じるようにできているのは、生命維持のために食べていた原始時代からのなごりと考えれば仕方のないことといえるでしょう。

「おいしいものってカロリー高いね」ということを前提にしつつ、食べ物は毎日食べるものなのだから、摂りすぎない賢い判断力を身につけるしかありません。

素材を活かすといっても、食べ物は調理の過程でいろいろなものを使います。ソースなどの調味料や小麦粉の衣、蒸したり揚げたり漬けたりと、さまざまな材料を加えますよね。

ヘルシーな鶏むね肉にしても、ミンチにして混ぜ物を加えて固めて小麦粉の衣をつけて、油で揚げたら、たんぱく質以外のものがかなりオンされるわけです。

どっちがいいかなあと迷ったら、まず素材に近く、シンプルな加工のものを選ぶこと。そうすれば、「知らずに（よくないものを）摂っていた！」ということが防げます。

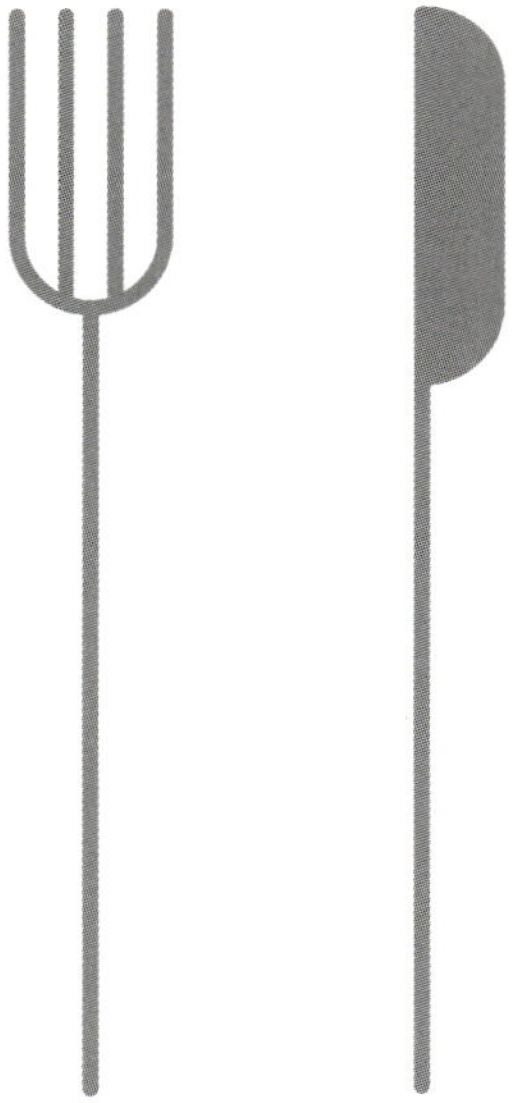

67

「プロテインで太るかも」と
反応する人たちの、
アルコールや清涼飲料水への
寛容さよ、これいかに……。
フルーツ＆果糖たっぷりの
グリーンスムージーより、
太りにくいはずです。
いやマジで。

68

プロテインは、食前に飲めば食欲抑制になり、血糖値急上昇を抑制したりもする。

たんぱく質が十分に摂れない人は、食後に摂れば栄養補助ができる。

間食で飲めば空腹感の抑制にもなる。

目標たんぱく質量が摂れなかった日は、夜寝る前にパッと飲めばいい。

プロテインはダイエット女子の味方！

プロテインドリンクは、粉末を水などに溶かしてたんぱく質（プロテイン）を補給する栄養ドリンクです。キラキラ女子の間では話題になることはこれまではなかったかもしれませんが、私の運営しているジム「ｒｉｎａｔｏ」では、現在プロテインが大人気です。まあ、流行らせたのは私なんですが……。

プロテインは、運動部出身や厚い胸板を目指したことがある男性にはなじみ深い存在かと思います。トレーニング後の筋肉に刺激も入り、代謝が上がって栄養を吸収しやすいときに飲むのがいいということで、スポーツジムでもよく売っています。

これは、女性にもおすすめです。**運動していなくても、たんぱく質の補給用のサプリメントと考えて普段から摂るのもいいでしょう。**

脂身を避けたいがために肉をあまり食べない女性や、そもそもすぐおなかがいっぱいになってしまうという女性の場合は、良質のたんぱく質を必要な量だけ摂れないからです。（私は鶏むね肉なら1日にてのひら1個分以上は摂ることを推奨しています。詳しくは『ダイエットは運動1割、食事9割　91日間実践ノート』参照）

69

豆腐や大豆などの植物性たんぱく質ばかりを中心に摂っている場合は、結局、たんぱく質の量が足りないことが多い。

手軽に必要なたんぱく質を補給できるプロテインドリンクはおすすめ。

プロテインドリンクの飲み方・選び方

・たんぱく質含有率の高いものを選ぶ。せめて7割はプロテイン（例30グラム中20グラム以上）で占めているものを。

・砂糖などが多く明らかに糖質の過剰摂取になってしまう商品は避ける。人工甘味料は避けようがないのでOK。

・亜鉛や鉄分、ビタミンCなど、不足がちな栄養素も添加されたタイプもあるので体質や必要によって選ぶ。

・飲み続けるのがつらくないものを選ぶ。良いものでもまずくて続けられないものより、おいしくて続けられるものを重視しましょう。

プロテインの良さを伝えると、食事と置き換えにしたり、食事を摂らずプロテインばかりになる人がいますが、要注意です。あくまでサプリメントは補助食品ですから、運動しない人なら1日1杯で1日に必要なたんぱく質量を越えることができます。

それだけで、むくみがとれたり、肌や髪がきれいになったという声もよく聞きます。食後や間食、寝る前などの好きなタイミングで飲むようにしましょう。

70

むくみ解消には、
まずたんぱく質を必要量摂ること。
ビタミンB群やマグネシウム、亜鉛は必須だし、
炭水化物を摂るときに
それらが同時に摂れているかも重要。
カリウムも大事だけど、やっぱアルブミンだなぁ。

アルブミン（たんぱく質）で体内からキレイに！

卵白などに含まれるたんぱく質にとてもよく似たアルブミンは、肝臓で生成されています。血液の中の水分の量を維持する働きをしており、血管外でも同様に働いています。

また、**体内では、血管のそうじ屋さんのようにホルモンや水、栄養となる脂肪酸などを運んでは、毒などを集めて体内をキレイにします。美肌や若さにも欠かせない役割をしているわけです。**

アルブミンの材料はたんぱく質ですが、必須アミノ酸には乏しい成分なので、欠乏時には、肉などの豊富なアミノ酸を含むものを摂取するのがよいとされています。

むくみというと塩分の摂りすぎだと思いがちですが、たんぱく質不足などの栄養不足、代謝不良が原因であることも多いのです。むくみ解消にたんぱく質摂取は基本なのです。

71

噛む回数が少ない、または食べるのが早い人は、
唾液の量が少ないから
水などの液体で流し込もうとするのではないか。

食事中に水を飲みすぎる人は
唾液量が減るばかりか、
胃酸も薄くなるので消化によくない。

消化は口に食べ物が入ったところから始まっています

太る食べ方と言えば、早食いです。**早食いが太る理由は、栄養素の分解は口に入れて噛んだときから始まっているのに、ファーストステップをスルーしてしまうから。**

つまり、脳には「食べてるよ〜」というサインが送られません。おなかいっぱいと感じる前に、大量のカロリーを体内に流し込んでしまうのです。

麺類、カレーライスなど流し込みやすい食べ物はいわば、カロリーを手っ取り早く摂りやすくしているもの。赤ちゃんや病人のための流動食がどろっとしているのは、同じく食べやすく消化しやすくするためですが、健康な人が噛まない食べ方をしているのは問題です。食べた信号が送られないと、食の満足度も低くなります。

なお、30代以上になると、すぐに胃が痛くなる、胃酸が上がってきやすいなど胃が弱い方も増えてきますが、**まずよく噛んでゆっくり食べることを心がけましょう。するっと食べられるものを食べ続けていると、胃の負担は減りません。**

また、麺類などの食べやすいものは炭水化物系ですが、炭水化物が「胃に優しい」わけではありません。食べやすくても、胃はもたれます。

アセトアルデヒド分解酵素低活性型は日本人の38％、不活性型は6％いるとされている。

前者はお酒を飲むと赤くなるタイプ、後者は全くお酒を飲めないタイプ。

不活性型の人は飲めないから大丈夫だけど、**低活性型は飲めば慣れてしまうのですごく危険。**

慣れても活性化はしないから。

お酒を飲むと太る？やせる？の真相

ダイエット中にお酒はダメですよね？と聞く方が多いのですが、私は、長期間取り組むダイエットを成功させるためにも、何もかもやめてしまうのはNGと考えています。というのも、ストレスが高くなりすぎて挫折や激しいリバウンドの原因となることが多いからです。

ですから、お酒大好きという人は、完全にやめなくてもOK。**そのかわり、ビールやワインよりは焼酎やウーロンハイというように、糖質が摂取されない蒸留酒に切り替えることをおすすめしています。**

ただ、お酒を飲むとむくみやすい人や体調がすぐれないという人、特に顔が赤くなる人の場合は、アセトアルデヒド（アルコールを分解する酵素）低活性型かもしれません。分解酵素が少ない人はアルコール分解が遅いので、分解酵素が多い人よりも長い間、体内により長い間アルコールが残ります。アルコールを分解するために、抗酸化作用物質やビタミンが多く消費されるのです。こういうタイプの場合、**お酒を飲むことで代謝を悪くしているわけですから、決してダイエットに良いとはいえません。**

73

菓子パンは食事にはなりません。
食べる必要は全くなし!
ですが、スイーツや嗜好品だと思えば、
少しは食べてもいいんじゃないでしょうか。
あ、嗜好品なんで、タバコやお酒と同じです。
それくらい攻撃力があります。

嗜好品は上手にたしなむ程度で

私もたまには頂き物のケーキを食べますし、甘いものも好きなほうです。でも嗜好品は、少し食べる程度でいいと思うんですね。栄養素はないので摂らなくてもまったく困りませんから。

たとえばタバコも四六時中タバコ休憩を取って吸っていたら、仕事にも支障が出るでしょう。お酒も好きだからといってずっと飲み続けていたら病気です。

お菓子も同じようなものと思ってください。

食べないと落ち着かないとか、やめられないなら、「糖質依存」を疑ってもよいかもしれません。

意識して1、2日、お菓子や砂糖の入ったものをお休みしてみましょう。

そんなこと絶対できない！ と思うのだとしたら、もうすでにあなたは「糖質依存」かもしれません。

74

ダイエットにミネラルとビタミンは外せません。
食物の五大栄養素の中で、
三大栄養素がたんぱく質、脂質、炭水化物。
カロリーがあるのはこの3つの栄養素。
あとの2つがミネラルとビタミン。

カロリーはありませんが、
体の代謝に大きく関わっています。

ミネビタはダイエットに必須！

三大栄養素はたんぱく質・脂質・炭水化物（糖質）ですが、あと2つ、大切な栄養素があります。それが、ミネラル・ビタミンです。

三大栄養素とは違って、カロリーのない栄養素ですが、代謝に欠かせないためこの2つが足りなければダイエットはうまくいきません。詳しくは次のページの表をごらんください。

ちなみに、化粧品は肌にしか効かないけれど、たんぱく質とミネラル、ビタミンをきちんと摂取すると肌はもちろん、髪や爪、代謝がすべて良くなって、体全体に効きます。

高価な化粧品を使うより、ものすごくコスパがいいと思います。

ビタミンB1・B2

ビタミンB1は糖質を筋肉のエネルギーに転換するのに欠かせません。ビタミンB2は、たんぱく質、脂質、炭水化物の代謝に必要です。活性酸素を除去する働きもあります。どちらも豚肉に豊富に含まれます。

ミネラル

代謝を助け、血糖値を安定させる働き

マグネシウム

海塩、海藻、ナッツ類、大豆に含まれる。とりわけ、マグネシウムが豊富に含まれる海塩がおすすめ。（商品例：沖縄の「ぬちまーす」・北海道の「宗谷の塩」）

皮膚からも吸収できるので、マグネシウムを含むエプソムソルトやにがりをお風呂に入れてもOK。

図7　ダイエットに必須！ ミネラル・ビタミン

ビタミン

糖質の代謝やたんぱく質の合成など

ビタミンD

かれいやうなぎ、さんま、きのこ類などに豊富に含まれます。

ビタミンA

植物性のものはベータカロチンとも言われ、主ににんじん、ブロッコリーなど色の濃い緑黄色野菜で摂取できます。レチノールと言われる動物性のものは、レバーに豊富。

ビタミンK1・K2

ビタミンKには小松菜、春菊などや緑茶から摂れるビタミンK1と、納豆やバターなどで摂れ、腸でも合成されるビタミンK2の2種類があります。強い骨づくりにも必須。

ビタミンE

ほうれん草やアボカド、アーモンドやヘーゼルナッツなどに豊富。動脈硬化を予防し、抗酸化作用で細胞の老化を防ぎます。

75

マグネシウムの1日の目標摂取量は300ミリグラム。

日本人男性の平均は254ミリグラム、女性227ミリグラムと足りていない。

体内の酵素300種類以上に関与し、骨の形成、糖代謝、血圧の調整、ホルモン分泌、筋収縮、神経伝達等、ほとんどすべての生合成反応や代謝反応に必要……。


もちろんダイエットにも必須。

マグネシウムは、天然海塩から摂れる

健康にはミネラル・ビタミンが必須ですが、ミネラルの中でマグネシウムは不足気味です。**マグネシウムが不足すると、骨は弱くなるし筋肉は作りにくくなるし筋肉痛もひどくなる、そして代謝は落ち……、要はものすごく困るというわけです。**

マグネシウムは、海で摂れた海塩からも摂れるので天然のマグネシウムが豊富に入ったマイソルトを持ち歩きましょう。具体的には、沖縄の「ぬちまーす」と北海道の「宗谷の塩」。私も持ち歩いています。そうすれば、外食などで塩をかけるときもマグネシウムの補給が可能です。

マグネシウムはほかにも、あおさ、青のり、アサリ、アジ、玄米（米ぬか）などから摂ることもできます。

実は食べ物からの摂取での吸収はそんなに効率がよくないので、**エプソムソルトというマグネシウムの粉末をお風呂に入れて、入浴で皮膚から吸収するという方法もあります。**マグネシウムは保湿&保温効果があり美容効果も高いので、おすすめです。

part 4
運動＆ボディメイク

食習慣が整ったら、次は理想のカラダづくり。

「ただやせている」のではなく、適度に筋肉がついてメリハリのある理想の美ボディに欠かせない運動や筋トレについてお伝えします。

やっぱりダイエットは
運動1割、食事9割ですかね。

ダイエットは運動1割、食事9割

『ダイエットは運動1割、食事9割』という拙著の書名にもあるとおり、ダイエットにおいて、最も重要視すべきは食事です。栄養の少ない低カロリー食や、糖質制限という単純で後先を考えない方法では、リバウンドするのが目に見えています。

「食事制限でがまんすることがダイエット」という美学にしがみついてしまう人たちは、間違った努力をしているのに気づかずに自分に酔っているのかもしれません。知識不足とも言えますが、**先を見据えた考え方のできない、知恵が少ない人ともいえます。ダイエットに限らず、仕事など他の私生活面でもその傾向があるはずです。**

普段なんとなく食べている食材が、その人の体を作っているわけですから、それをどう変化させればいいかを考えるのが食事改善であり、そのなんとなくをストレスなく良い方向へシフトできた状態がダイエットの成功なのです。

運動をするなと言うのではありません。ただ、日給1万円の人が食費に1万円を使っていてはお金が貯まらないのと同じように、カロリーを摂取するのに要する時間と、そのカロリーを運動で消費する大量の時間は、全く見合いません。

77

2002年時点でのフィットネス参加率は、日本は3・29%で、米国6・3%。

現在の日本は約4%で横ばい、米国は約15%と大きく参加率を上げているが、米国の肥満者率は日本の約10倍。

あくまで傾向だけど、**運動する人が増えても、どう食べるか？ どう運動するか？ が変わらないとダメだな。**

運動は鍛えるため。やせるためにするものではない

昔、スタッフとして勤務していた経験から、フィットネスクラブやスポーツジムというものは、趣味のアクティビティの一つとして楽しむのがいいのではないかと思っています。毎日のようにいらっしゃる会員さんは身体を動かすのが好きな人。運動することが楽しい人が集まっているから仲間も増えて余計に楽しい。

しかしやせたくてスポーツジムに入会する人は、まず、楽しそうじゃない。楽しめないからラクそうなアクティビティに出たり、自転車を漕ぎながらテレビを観ていたりする。そして、必ず1か月で足が遠のき始め、なぜか判で押したように3か月で退会してしまいます。

ダイエット目的の運動が定着しないのは、何より楽しくないからです。平日にフルタイムで働いている忙しい人が、さらに楽しくない行動のために仕事帰りにジムに寄って運動するでしょうか？ 疲れますよね。

スポーツジムは運動をするところ。それも大事ですがダイエットはまず「食事」という認識が必要です。

78

「ダイエット＝食事制限＋有酸素運動＋腹筋」
これじゃ理想のスタイルどころか、
コンプレックスが
余計にひどくなることも多い。
早くこの定説がなくなればいいのに……。

有酸素運動はダイエットに効きません！

今でこそ、ダイエットに食事は重要だという考え方は浸透してきています。ただ、私の「食事9割」という表現だけを知っている人は「運動よりも食事制限が大事なんだ」と誤解していることも少なくありません。

食事制限では、必要な栄養素が不足して代謝が下がるうえ、がまんができなくなればリバウンドしてしまうのです。

また、ダイエットといえばランニングというのも定説ですね。「走ったほうがいいですか？」とよく聞かれますが、私はダイエットにランニングをすすめたことは一度もありません。むしろ、**有酸素運動はやればやるほど体が少しのエネルギーで効率よく動ける省エネ型になっていきます。ここに食事制限を加えればなおさら代謝は下がります。**

普段の活動量が少ない人が活動量を増やす意味でウォーキングをするのはよいとは思いますが、運動での消費カロリーを当てにしていても、体が慣れてくると、表示された消費カロリーよりも、少ない数字しか消費しなくなりますのでおすすめしません。

79

食事制限は一時的。
食事改善は一生。
変な運動は一時的。
一生苦にならない運動ならやる価値はある。
理想の身体を作るために、
一時的に何かをがんばるのはいいんだけど、
一生続けられることをベースにしたほうが、
あとでリバウンドや燃え尽きが起きにくい。

わざわざ腹筋をするのは時間がもったいない

たるんだおなかを凹ませるために行う運動といえば、誰もが思い浮かべるのが腹筋運動ではないでしょうか。

別にやってもよいのですが、私ならパーソナルトレーニングでも時間が余ってやることがないかぎりやりません。鍛えられる筋肉の効率が悪いので時間がもったいないからです。

心配しなくても、ダイエットで一番はじめに効果が出るのはおなか周りです。そして、どんな運動でも腹筋を含めて体幹の筋肉を使います。

わざわざピンポイントで腹筋を鍛えたからといって、おなかの脂肪がみるみる落ちることはありません。

そんなわけで、筋トレをするなら下半身のトレーニングや上半身の背中のトレーニングなどをしっかり続けていくことをおすすめします。

ダイエットとボディメイクを
一緒にしてしまって、
食癖が治ってないのに食事制限や運動をして
大ダメージを受けるとリバウンド。
ケガしてるのに走ってるようなもの。

ボディメイクのための運動とダイエット（減量）の運動は大違い！

拙著の『ダイエットは運動1割、食事9割』というタイトルはよく言った、と同業者さんからも感心されることが多いのですが、私はボディメイクという観点で運動を指導している職業柄、**「減量のための運動は効率が悪すぎる」**と伝えつづけています。

上記のようにおにぎり1つ分のカロリー（約200キロカロリー）を運動で消費するとなると、かなり多くの時間と体力を犠牲にしないとならず、キリがありません。それよりは食事をコントロールしたほうが早いですよね。

図8　200キロカロリーを運動で消費するには？

体重50キロの人がコンビニのおにぎり1個分（＝ドーナツ・菓子パン1個分）を消費する運動時間

ヨガ	90分間
ウォーキング（普通の早さ）	75分間
ランニング（時速8.4km）	25分間
水泳（クロール）	23分間

ダイエットとボディメイクは違います。
ダイエットをベースに、
理想の体づくりに
必要なボディメイクを
していきましょう。

81

体重が減らないと
スタイルが良くならない。
そう思い込んでいる女性は
多いけど……。
年齢いけばいくほど
そうじゃないって
わかってくると思う。

82

週に1回程度のトレーニングで
食事も変えずに
体組成を変化させていくことは難しい。
1週間(24時間×7日)のうちの
たった1時間よりも、
1週間のうち3回×7日=21回もの
食事での選択を大事にすべきだと思うのです。

たまの運動ではなく、毎日の活動量をアップ！

私の運営しているｒｉｎａｔｏでは、週1のトレーニングだけでやせることはまずないということをお客さまにも意識してもらいながら、毎日の改善をサポートしています。

理由は単純です。毎日の食事は1日3回（間食を含めればそれ以上）です。毎日何度も「やせる選択」があるのだからそこを変えずに一気にやせることは難しいのです。運動は、そこにスピードを加速するお手伝いをするかどうかという程度なのです。

「運動」自体も、45分か1時間程度のレッスンよりも、1週間は168時間もあるのだから、**1日の活動時間を活かすほうが身体に良い影響が出てきます。**

たとえば脚がむくむ、腰が痛い……などの悩みも、運動やマッサージをたまにするより、1時間に1回立ち上がってそうじをしたり、片付けをしたり、軽いストレッチをしたりすることでぐんと改善されることがあります。

「運動ではやせられない」——これが事実です。運動だけでやせるのをやめた人はみな、結果が出ています。

どっちもたくさんやりすぎると
逆に筋トレの効果を打ち消す
可能性もあるので、
やらないか、やるにしても
ほんの30分ゆるめ程度で
よいかと。

83

ジムで、有酸素運動メインに
トレーニングしてる人多いけど、
あまりおすすめしないな……。
掛け捨ての投資してるみたいな
感じがする。
貯蓄もできる積立型の筋トレの方が
よいと思う。

これ全部、筋量不足です。
食事を減らせば代謝が落ちて
状況はますます
悪化しますからね。
糖質を減らしてサラダだけ
食べてたら、
そりゃおかしくなる。

84

たとえば、
二の腕がプニプニする、
脇の肉がブラに乗っかる、
下腹部がポッコリしている、
肉ももがプヨプヨする。
足首が太い……。

女性の「やせたい」は
体重を落としたいというわけじゃなく
「スタイルが良くなりたい」が本意であり、

体重を落とせばいいってもんじゃないことは
本人も理解している場合がある。
一方、体重が落ちればスタイルがよくなると
間違って思い込んでいる場合もあります。
短い言葉って本意がわからないものです。

筋肉が少ない人が48キログラムから
55キログラムになり、
トレーニングを加えた増量で
筋肉を1、2キロ増やした状態で
48キログラムに戻ると、
ムリにやせて46キログラムになるより
スタイルが良く見えます。

86

例えば、身長は平均的だとして
体重が48キログラムなのか
46キログラムなのかを
気にする女性もよくいらっしゃいますが

BMI19以下の人がやせることをダイエットとは定義したくない。

ダイエットとは、健康な身体になり、それを維持するもの。

ＢＭＩ19を切ったら、健康とは言えません。
ムリな減量とか、やせすぎとか、
不健康なダイエットとか、
何か別の呼び名が必要だと私は思ってます。

88

ＢＭＩ19以下（正確には18・5）の減量を、絶対やるなとは言わない。

でも、やるからには摂取すべきカロリー内でＰＦＣバランスを気にすべきだし、ミネラル・ビタミンなどを十分に摂取する必要がある。

特にミネビタはサプリがないと足りない。

健康体重と美容体重は違う！

50～51ページでもお伝えしましたが、ある身長に対して健康的とされる健康体重の中央値はＢＭＩ22です。美容体重はそれより低いＢＭＩ20。肥満度の判定によく使われるＢＭＩでは、ＢＭＩ18・5～25までは正常なので、その下限に近い、20あたりが指標となっています。155センチの女性で健康体重が52・9キログラムなのに対し、美容体重は48・1キログラムとなります。

しかし、私が指導してきたモデルや女優さんには、ほっそりした体型でＢＭＩ17、18などの方がいます。「やせすぎ」です。テレビや雑誌に出る人はそんなレベルの人が多いのが現実ですから、みなさんが考える「理想の体重」や「理想のスリーサイズ」などは、より低いものに設定されがちです。ただ、こういうタイプは骨格筋量も少ないため、「かくれ肥満」のリスクを抱えています。健康の観点から、ＢＭＩ18を切って、さらにカロリー制限などをするダイエットはおすすめできません。

身もふたもない言い方ですが、スタイルの良さは、生来の体型や全身のバランスにもよるのでしっかり鍛えて体重が重くても、見た目が美しい人はたくさんいます。

89

ボディメイクの観点から言えば、
トレーニングをしなければ
体重が落ちてもヒップアップはしないし、
筋トレをしてもフォームが適切でなければ
理想的な形にならないことが多い。

自己流では姿勢も良くならないかも。
食事のアプローチやカロリー消費しか
考えてない運動ではO脚は治りません。

90

筋肉は増やしたいけど、
脚は細くしたい、二の腕を細くしたい場合、
脂肪を落とすことはもちろん大事だけど、
どこの筋肉を特に増やすべきかを考えてほしい。
もちろん、お尻と背中ね。
ここをバッチリ鍛えることこそが
多くの女性が求めるボディメイク。

ボディメイクは細くするためだけではない

その人の食事改善を目的とし、体重や体脂肪率などの増減を気にするダイエットとは一線を画し、私の本来の仕事としているのがこのボディメイクです。

ボディメイクは、食事をうまくコントロールして、体重の増減で精神が乱されない状態でやるべきです。

ダイエットがきちんと完了していないのに、ボディメイクを気にしすぎると、筋肉が増えることで体重も増えることや、筋肉を維持しようとすると意外と体重は変動しないことなどを冷静に観察できなくなります。

ボディメイクは、ボディラインを美しく整えていくものです。

たとえば、食事改善で猫背が治ったりヒップアップしたり、ということは起きません。あくまでどの部位をどういう形にしていくかをデザインしていくもの。私はどうやって目的の場所に筋肉をつけるか、ムダに筋肉をつけないか、を常に意識して指導しています。むやみやたらと動いても、理想のスタイルにならないため、こういう指導は食事以上に気を使っています。

91

ランニング後に体重が1キログラム減っていたら
その95％以上が汗の水分です。
だから当然、**運動前より体脂肪率は高くなります。**
分母が体重、分子が体脂肪ですから。
逆にたくさん食べたあとは、
体脂肪率は下がるはずです。
増えた体重は体脂肪ではなく
食べ物で増えただけですから。

体脂肪について、理解していますか？

勘違いしている人が多いのですが、体重が減っても体脂肪率が変わらなければ体脂肪量は増えて、むしろ筋肉が落ちているといえますよね。

体重×体脂肪率を計算すると体脂肪量が出ます。さらに体重から体脂肪量を引くと、除脂肪体重（LBM）が出ます。

これは主に筋肉量を示しますが、筋肉量を維持しながら体重を落とすことが重要なわけです。体重が減っても体脂肪率が増えていれば、筋肉が落ちています。

体重を落とすと、少なからずＬＢＭも落ちます。

ガンガン体重が落ちていて、絶好調と思っているときほど筋肉が落ちている可能性が高いし、数値に変動なし、もしくは増加してるのに明らかに引きしまっているときは脂肪だけがジワジワ落ちていて逆にいい感じのときが多いのです。数字は参考として大事だけど惑わされないことが大事。

ほとんどの体重の増減は水分と食べたもの自体の重さであり、筋肉や脂肪自体の量が数日で数キログラムも変化することは、ほぼありえません。

92

オーバーカロリーなら太るんだけど、
筋トレしながらたんぱく質を十分にとってたら、
代謝も上がって、
やせやすくなりながら太るんだよね。
高糖質＋高脂質で低たんぱく質なＰＦＣ比率で、
しかもそれがお菓子だと、
やせにくくなりながら太るから気をつけてね。

筋トレすれば太りながらやせやすくなれる!?

運動をするメリットはたくさんあります。なかでも重要だと私が思うのは、筋肉を効率的に増やすという役割。歩かない、重い物も持たない、一日中座っているだけの現代人が、ただ生活しているだけで筋肉が増えるということは、ありえません。

そうなるとスポーツ、とくに**筋力トレーニングを定期的に行うことが、ボディメイクや、根本的なかくれ肥満の改善には欠かせません。**筋肉量が少ない人がダイエットを続けても、ずっと代謝が低いまま加齢によってさらに代謝は落ちていくため、ダイエットの結果がますます出にくくなっていくからです。

また、たんぱく質やミネラルを摂ったとしても、使わなければ筋肉はいきなりついたりしません。そのまま年を重ねていくと、骨も筋肉も弱く、ケガなどをしやすくなる「ロコモ症候群」となるおそれがあります。ですから、かくれ肥満の人や今までのダイエットで成果が出なくなったオトナ女子に、筋トレはおすすめです。

ただ、筋トレをするときに食事を抜いてはダメ。筋力をつくるための栄養を摂って筋肉を増やしていけば、以前よりもやせやすい身体になれるのです。

93

スクワットってすごく重要なエクササイズだから、
鍛えるのにはベストな種目。
でもスクワットがうまくなっても、
脚が細くなるかはまた別。
きれいなラインを作るにはいいけど。

トレーニングでスクワットをさせる理由

スクワットで鍛えられるのは、主にももやヒップなどの下半身です。フォームがよくなり、股関節の動きが正しくなれば、脚もまっすぐな形で膝を曲げられるようになりますから、クセによって悪化していたX脚やO脚などの脚の形も改善してくるでしょう。

また、**太ももの外側がパンパンに張って筋肉が堅くなっているのに、ヒップはたるんでいるようなタイプの人はあきらかに裏ももが普段から使えていません。**

つまり、股関節回りが動いてなくて、左右にブレながら歩いているタイプです。このタイプもスクワットで普段から裏ももやお尻が使えるようになれば、だんだんともも横の張りがすっきりして、スッとしたシルエットに改善できるでしょう。ただし適切なフォームで行った場合に限ります。プロに直接習うのがベストでしょう。

スタイル改善であれば、スクワットはやはりおすすめ。細くて長いスーパーモデルのような脚になりたいという女性が多いのですが、骨格が違うので現実味がない話です。スクワットで鍛えても脚は伸びませんよ！

それは運動も食事も同じ。
長く続けられること云々より、
頭の中自体を
変化させることが
ダイエットだということ。

94

「食事だけのダイエットは
リバウンドしやすく、
運動と同時にやると
リバウンドしにくい」って
誰が言ったんだろう…？
運動をたくさんやればやるほど、
やめたときにリバウンドする。

95

人を良くすると書いて「食」ですか。

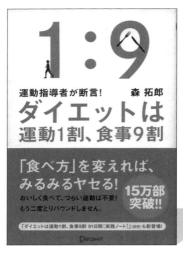

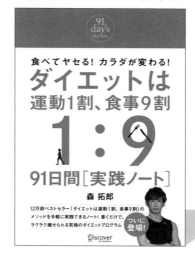

森拓郎の
読むだけでやせる言葉

発行日　2017年　5月　20日　第1刷
　　　　2017年　7月　5日　第4刷

Author　森拓郎

Book Designer　小口翔平＋上坊菜々子（tobufune）
Photographer　矢作常明（arrow44）

Publication　株式会社ディスカヴァー・トゥエンティワン
〒102-0093　東京都千代田区平河町2-16-1 平河町森タワー11F
TEL　03-3237-8321（代表）
FAX　03-3237-8323
http://www.d21.co.jp

Publisher　干場弓子
Editor　石橋和佳（編集協力：アマルゴン）

Marketing Group
Staff　小田孝文　井筒浩　千葉潤子　飯田智樹　佐藤昌幸　谷口奈緒美
西川なつか　古矢薫　蛯原昇　安永智洋　鍋田匠伴　榊原僚
佐竹祐哉　廣内悠理　梅本翔太　奥田千晶　田中姫菜　橋本莉奈
川島理　渡辺基志　庄司知世　谷中卓　小田木もも

Productive Group
Staff　藤田浩芳　千葉正幸　原典宏　林秀樹　三谷祐一　大山聡子
大竹朝子　堀部直人　林拓馬　塔下太朗　松石悠　木下智尋

E-Business Group
Staff　松原史与志　中澤泰宏　中村郁子　伊東佑真　牧野類

Global & Public Relations Group
Staff　郭迪　田中亜紀　杉田彰子　倉田華　鄧佩妍　李瑋玲
イエン・サムハマ

Operations & Accounting Group
Staff　山中麻吏　吉澤道子　小関勝則　池田望　福永友紀

Assistant Staff　俵敬子　町田加奈子　丸山香織　小林里美　井澤徳子　藤井多穂子
藤井かおり　葛目美枝子　伊藤香　常徳すみ　鈴木洋子　内山典子
石橋佐知子　伊藤由美　押切芽生

DTP & Proofreader　朝日メディアインターナショナル株式会社

Printing　シナノ印刷株式会社

ISBN978-4-7993-2102-7